Jovens violentos

Coleção Caminhos da Psicologia

- *Ajudar sem se esgotar: como superar a síndrome de esgotamento nas profissões de saúde e nas relações assistenciais* – Luciano Sandrin
- *Apego & amor: entenda por que escolhemos nosso parceiro* – Grazia Attili
- *Autismo infantil: o que é e como tratar* – Pierre Ferrari
- *Como administrar os conflitos e vencer... juntos* – Paolo Salvatore Nicosia
- *Conversando a gente se entende: como manter uma comunicação harmoniosa consigo mesmo e com o outro* – Gilles Sauvé
- *Estou de luto: reconhecer a dor para recuperar a esperança* – José Carlos Bermejo
- *Faça menos e seja mais amado: como manter relações saudáveis e equilibradas* – Peg Tompkins
- *Jovens violentos: quem são, o que pensam, como ajudá-los?* – Filippo Muratori
- *Liderar não é preciso: um guia prático para o dia a dia dos líderes* – Maria Elisa Moreira
- *Não aguento mais! Uma análise realista das crises das relações a dois* – Elisabetta Baldo
- *Se você me ama, diga! Observações sobre a (falta de) comunicação na vida conjugal* – Eleonora Canalis
- *Sexualidade e amor: uma visão integral do ser humano e dos relacionamentos* – Gigi Avanti
- *Tive uma ideia! O que é criatividade e como desenvolvê-la* – Monica Martinez
- *Trabalhar com o coração* – Valerio Albisetti

Filippo Muratori

Jovens violentos

Quem são, o que pensam, como ajudá-los?

Dados Internacionais de Catalogação na Publicação (CIP)
(Câmara Brasileira do Livro, SP, Brasil)

Muratori, Filippo
  Jovens violentos : quem são, o que pensam, como ajudá-los? / Filippo Muratori ; [tradução Antonio Efro Feltrin]. – São Paulo : Paulinas, 2007. – (Coleção caminhos da psicologia)

  Título original: Ragazzi violenti: da dove vengono, cosa c'è dietro la loro maschera, come aiutarli.
  Bibliografia.
  ISBN 978-85-356-0507-5
  ISBN 88-15-09862-3 (ed. original)

  1. Juventude e violência I. Título. II. Série.

07-2019   CDD-303.60835

Índices para catálogo sistemático:
1. Jovens violentos : Sociologia 303.60835
2. Violência juvenil : Sociologia 303.60835

Revisado conforme a nova ortografia.

Título original da obra: *Ragazzi violenti: da dove vengono, cosa c'è dietro la loro maschera, come aiutarli.*
© 2005 by Società editrice il Mulino, Bologna.

1ª edição – 2007
1ª reimpressão – 2012

Direção-geral: *Flávia Reginatto*
Editora responsável: *Luzia Sena*
Assistente de edição: *Andreia Schweitzer*
Tradução: *Antonio Efro Feltrin*
Copidesque: *Rosa Maria Aires da Cunha*
Coordenação de revisão: *Marina Mendonça*
Revisão: *Ruth Mitzuie Kluska e Jaci Dantas*
Direção de arte: *Irma Cipriani*
Gerente de produção: *Felício Calegaro Neto*
Capa: *Telma Custódio*
Editoração eletrônica: *Renata Meira Santos*

Nenhuma parte desta obra poderá ser reproduzida ou transmitida por qualquer forma e/ou quaisquer meios (eletrônico ou mecânico, incluindo fotocópia e gravação) ou arquivada em qualquer sistema ou banco de dados sem permissão escrita da Editora. Direitos reservados.

Paulinas
Rua Dona Inácia Uchoa, 62
04110-020 – São Paulo – SP (Brasil)
Tel.: (11) 2125-3500
http://www.paulinas.org.br
editora@paulinas.com.br
Telemarketing e SAC: 0800-7010081

© Pia Sociedade Filhas de São Paulo – São Paulo, 2007

Capítulo I

A VIOLÊNCIA JUVENIL ESTÁ AUMENTANDO?

Com frequência, afirma-se que está se intensificando o comportamento violento dos jovens na nossa sociedade. É preciso dizer, de início, que isso não é verdade. As estatísticas indicam certa estabilidade do número de denúncias e de ações penais judiciárias contra menores de idade (figura 1). A cada ano, cerca de quatro jovens em mil são denunciados nas delegacias, mas somente duas dessas denúncias resultam em processos judiciais movidos pelas autoridades. No entanto, quando algum episódio de violência chega aos jornais, é como se passasse através de uma lente de aumento, que o torna um sinal alarmante da degeneração da sociedade. Na onda emotiva de um fato noticiado em um jornal é feito um juízo sumário sobre a degradação moral de uma geração. O proclamado aumento da violência juvenil se torna, assim, um lugar-comum tranquilizador por meio do qual a violência, enquanto atribuída a uma geração, é relegada a um mundo que nos é estranho. Trata-se, na realidade, da enésima repetição da atitude crítica das gerações mais velhas para com as novas gerações, que é uma constante na história: uma tabuinha assíria de 2000 a.C. predizia um iminente fim do mundo como consequência da degeneração dos jovens; Platão colocava na boca de Sócrates palavras muito duras em relação aos jovens "corrompidos". Em nenhuma faixa etária, mas só na adolescência, o crime cometido tende a ser generalizado e atribuído à condição de adolescente, que se torna, assim, uma espécie de réu coletivo, muito mais facilmente do que acontece com crimes igualmente graves cometidos em outras faixas etárias. Os jovens violentos se tornam o receptáculo das angústias dos adultos, isso em prejuízo do esforço de compreender as vicissitudes individuais de cada jovem.

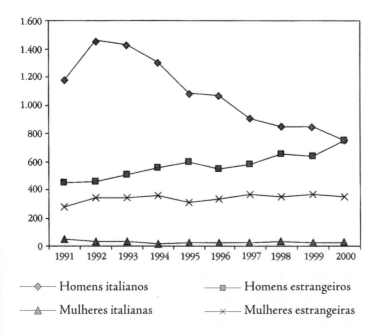

Figura 1. Ingressos nas instituições penais de menores de idade italianos e estrangeiros, de 1991 a 2000.

Nota: Da figura emerge que, no período observado, os ingressos nas instituições penais dos menores de idade italianos estão em nítida diminuição, enquanto os dos menores de idade estrangeiros estão em crescimento constante. Nota-se, além disso, que, no que diz respeito à criminalidade feminina, esta é inferior à masculina somente na população italiana, enquanto é relevante para as menores de idade estrangeiras.

Fonte: Departamento de Justiça para menores de idade.

Os jovens violentos são doentes?

Um segundo lugar-comum que deve ser afastado é que existe um perfil psicológico único e específico do jovem violento. Depois dos repetidos episódios de violência na escola, não só por parte de jovens, como também por parte de crianças (pode-se recordar o menino de sete anos que, em março de 2000, matou, numa escola de Michigan, com um tiro de pistola, sua coleguinha de seis anos), o Serviço Secreto americano encaminhou uma pesquisa sobre as características dos assim chamados *school shooters*,* na qual era explorada a presença de fatores habitualmente considerados responsáveis pelos atos de violência juvenil. Essa pesquisa não encontrou qualquer correlação estável entre atitudes violentas e os fatores pesquisados: não se trata de jovens que vêm de ambientes de pobreza; que vivem em bairros segregados; que sofreram preconceitos sociais de marginalização; que assistiram excessivamente a programas de TV violentos; que sofreram reveses na escola; que têm pais separados, divorciados ou em litígio; que sofreram abusos na infância; que foram diagnosticados como hiperativos ou com outros distúrbios psiquiátricos; que tiveram contato com drogas.

---

* Atiradores escolares. Em inglês no original. (N.R.)

O único elemento constante é que os comportamentos graves e violentos tinham se desenvolvido em ambientes conhecidos, contra pessoas conhecidas, e justamente por isso representavam algo específico, mas ao mesmo tempo de difícil compreensão dentro dos parâmetros habituais de avaliação que nos fazem pensar na violência como algo que, no máximo, pode ser dirigido contra pessoas estranhas e desconhecidas.

O recente filme *Elefante*, de Gus Van Sant, conta a matança realizada com absoluta frieza por dois adolescentes americanos no próprio colégio. O filme despertou muitas críticas, justamente porque transmite a incompreensibilidade do ato violento realizado: dois jovens que, num dia qualquer, entram na própria escola e massacram com tiros de fuzil um grande número de jovens com os quais tinham compartilhado a vida escolar até o dia anterior.

Enquanto em outro filme sobre o mesmo acontecimento — *Tiros em Columbine*, de Michael Moore — procurava-se encontrar as motivações sociais daquele ato tão violento, como, por exemplo, a liberdade de comprar armas e a brutalidade das cenas exibidas na televisão, cada vez com maior frequência, em *Elefante* não há qualquer esforço para explicar as causas desse ato, que permanece, em si, incompreensível.

O filme tenta mostrar a atroz *banalidade* do mal, mesmo quando deixa entrever uma relação entre o ato violento e a necessidade de sair do estado de tédio típico de muitos adolescentes. A "má vida por causa do tédio", que abrange uma pluralidade de situações, vê, como protagonistas dos desvios, rapazes pertencentes à classe média e moças que antes eram excluídas dessa "má vida" (com exceção das jovens nômades). São um exemplo disso episódios ferozes e imotivados, como o assassinato da irmã de Chiavenna por obra de algumas jovenzinhas, o de Castelluccio dei Sauri, em que duas moças mataram a sua amiga mais querida, e finalmente o de Novi Ligure, no qual uma jovem e o noivo mataram a mãe e o irmão daquela.

As diversas faces da violência

O que pode levar um jovem ou mesmo uma criança a ter um comportamento violento, a ponto de matar um colega ou um familiar? Na ausência de indubitáveis fatores macrossociais ou microssociais responsáveis e de síndromes psiquiátricas evidentes, para compreender esses acontecimentos é preciso fazer referência a algo mais próximo de nós, ao nosso modo de viver e a nossos hábitos educativos. Ou seja, é necessário fazer o esforço de entrar em sintonia com aquilo que gostaríamos de poder considerar como algo que não nos diz respeito e que gostaríamos de poder demonstrar. Um filme recente de Kathryn Bigelow, *O peso da água*, tem como tema a reconstrução, por parte de uma jornalista, de um homicídio cruel, historicamente documentado, do final de século XIX. O filme ilustra bem como, somente mudando o ângulo de visão, é possível compreender acontecimentos violentos diversamente inexplicáveis. No filme, que se passa numa pequena comunidade do final do século XIX, duas mulheres são misteriosamente assassinadas e encontradas, em casa, literalmente aos pedaços; o suspeito é um desconhecido que passava pelo local, que é condenado à morte, para alívio de toda a comunidade. A única sobrevivente da casa, Maren, é encontrada em estado de choque, de tipo pós-traumático, diríamos hoje, como se tivesse assistido a um acontecimento violento demais para poder ser conservado na mente e elaborado.

Um século depois, uma jornalista — protagonista do filme — encarregada de realizar uma pesquisa sobre um homicídio, vai ao lugar do delito; ao conseguir estabelecer uma forte empatia com a moça que viveu vários séculos antes, reconstrói a trágica morte das duas mulheres de modo completamente diferente do que oficialmente passou para a história: numa fria noite de inverno, Maren, tímida e introvertida, encontra-se em casa, sozinha com a amiga Anethe, que lhe pede para dormir na sua cama, onde se aqueceria mais. Contudo, na manhã seguinte, a irmã de Anethe descobre as duas, na mesma cama e abraçadas, e as acusa de depravação. Ser surpreendida ao demonstrar um afeto escondido, proibido e culpável faz nascer em Maren uma inquietante lembrança infantil marcada pelo mesmo sentimento de culpa. A sua reação é imediata e terrível pela gravidade do impulso violento; depois de matar Anethe e a irmã, Maren entra novamente no seu estado anterior de introversão e de timidez.

Na pequena comunidade do final do século XIX, a hipótese da culpa da jovem não é sequer levada em consideração, e para levar a culpa aparece um desconhecido que estava de passagem.

No filme, se entrelaçam muitos temas para que se possa compreender o ato violento: o tema da necessidade de colocar bem longe de nós e de nossa sociedade um demônio capaz de praticar atos tão impensavelmente violentos; o da necessidade de empatia para compreender a natureza de certos atos; o do impulso violento que aparece depois de uma ferida narcisista aparentemente muito tênue, mas intolerável pela pessoa que comete impulsivamente o ato violento. Um dos nossos pacientes definiu esse estado como o "saltitar de um grilinho na cabeça", que entra em ação no momento em que há uma ofensa que, embora banal, aparece imediatamente como intolerável. No filme, a diretora atribui este pensamento à moça que acabou de ter o impulso homicida:

> Ninguém pode dizer, com certeza, como vai reagir quando a raiva tomar posse do seu corpo e da sua mente, ou a angústia fulminante e dilacerante, um ataque de todos os sentidos, como uma repentina mordida na mão.

Então, os jovens violentos existem? A resposta para essa pergunta não pode ser taxativa. Os fatores biopsicossociais que estão na base de cada comportamento humano podem desempenhar diversos papéis. Um comportamento violento específico, no qual os fatores sociais são predominantes, é, por exemplo, o dos rapazes que moram em território de alta densidade criminal, que leva rapidamente alguns deles a assumirem comportamentos violentos como estilo próprio de vida. Nos últimos anos, registrou-se realmente um aumento na quantidade de menores de idade envolvidos na criminalidade organizada. Uma descrição pontual de como esses jovens podem assumir um comportamento violento adulto, separado da sua parte imatura e dependente, é bem descrita por Diego de Silva no romance *Certi bambini* (Certos meninos).* O pro-

---

* O filme homônimo, dirigido por Antonio e Andrea Frazzi, ganhou o Gand Prix Crystal Globe, no Festival Internacional de Cinema de Karlovy Vary. (N.R.)

tagonista, Rosário, tem 12 anos e pratica com a mesma indiferença ações criminosas e bons atos. Em situações desse tipo, os atos violentos parecem ditados mais por um impulso, por uma obrigação social, que permite sobreviver numa sociedade em que é somente o acaso que determina as escolhas entre o bem e o mal.

Numa vertente diferente se colocam os jovens para os quais a psiquiatria infantil introduziu nas próprias categorias nosográficas a categoria dos distúrbios da conduta. Este livro se ocupa especificamente desses jovens; leva em consideração só de passagem o assim chamado "desvio leve" (ser prepotente dentro ou fora de casa, praticar pequenos furtos, dirigir sem carta ou sem capacete, fumar, mentir etc.), que pode caracterizar a pré-adolescência, mas que conserva características ocasionais e expressa uma transgressão fisiológica das normas sociais, um impulso para a autonomia e uma necessária e temporária oposição às regras dos adultos. Ocupar-nos-emos mais do gesto violento que assume um significado de ruptura na história do indivíduo. Desde o momento em que foi praticado, haverá para sempre um antes e um depois, e não mais será possível falar somente de agressividade fisiológica.

A agressividade que se torna ato violento representa um ponto crucial na evolução de um indivíduo e da sua família. Rosellen Brown, no livro *Antes e depois*, descreveu muito bem o impulso homicida de um jovem adolescente praticado contra sua namorada que o havia ofendido leve mas ao mesmo tempo profundamente. Descreveu também a modificação radical da família, que teve de se confrontar com a descoberta, no seu interior, de uma pessoa desconhecida e incompreensível, que se manifestou pela primeira vez justamente mediante aquele ato.

Muitas vezes, porém, o comportamento agressivo não é imediatamente ligado a uma diagnose psiquiátrica: pode haver também atos de violência extraordinária sem que se possa identificar um distúrbio psiquiátrico claramente diagnosticável com os critérios atuais; paralelamente, não há hoje em dia uma diagnose psiquiátrica que esteja relacionada, com certeza, a atos violentos. Observaremos que os caminhos pessoais e psicopatológicos que podem levar ao ato violento são muito variados e dificilmente cabíveis numa lista diagnóstica unitária. Por esse motivo, muitas vezes nos surpreendemos diante do juízo de normalidade dado por uma perícia psiquiátrica para pessoas que cometeram delitos até cruéis.

A complexidade do fenômeno "agressividade" é testemunhada pela etimologia da mesma palavra: *adgredior* indica um movimento para diante, na direção de alguém, movimento que não implica necessariamente a intenção de praticar o mal. Como outras palavras que contêm a mesma raiz (re-gressão, trans-gressão), "agressão" assume também um significado patológico somente quando ultrapassa certo limite, que pode ser indicado como o *limiar* abaixo do qual algum comportamento pode ainda ser considerado normal. O conceito de limiar torna os comportamentos humanos mais compreensíveis: colocando normalidade e patologia ao longo de um *continuum* psicopatológico, propõe que os mecanismos subjacentes aos comportamentos patológicos sejam mecanismos que dissolvam o funcionamento normal das funções cerebrais que subentendem todo comportamento humano. Por esse motivo, violência e agressividade não são sinônimos, e mesmo que provavelmente compartilhem as mesmas raízes, para que um comportamento agressivo assuma as características do ato violento é necessária a intervenção múltipla de fatores biológicos, psicológicos e sociais, ainda em grande parte desconhecidos.

Rapazes e moças violentos

Sabe-se que os comportamentos violentos são muito mais frequentes nos homens que nas mulheres. Os distúrbios do comportamento, que representam a lista nosográfica identificada pelos dois mais importantes manuais para a diagnose psiquiátrica — o *Manual de diagnóstico e estatística das perturbações mentais*, 4ª edição (DSM-IV), redigido pela Associação dos Psiquiatras Americanos (APA), e a Classificação Estatística Internacional de doenças e problemas relacionados com a saúde, 10ª edição (CID-10), publicado pela Organização Mundial da Saúde (OMS) — de crianças e jovens que apresentam esses comportamentos, são quatro ou cinco vezes mais frequentes nos homens que nas mulheres. Ainda há muita coisa obscura sobre o porquê dessas diferenças tão precoces de gênero, mas no momento atual considera-se que se trata essencialmente de diferenças nos níveis de impacto que as mesmas variáveis causais têm nos homens e nas mulheres, na origem de características diversas do desenvolvimento com base no gênero. Por exemplo, pode-se pensar que o mais precoce desenvolvimento das competências comunicativas típico das mulheres desempenha um papel de proteção em relação à impulsividade agressiva. As melhores competências comunicativas levam, além disso, as mulheres a terem melhor socialização, que exerce um papel não secundário na autolimitação dos comportamentos violentos. Naturalmente, as competências comunicativas desempenham o mesmo papel nos homens e nas mulheres, mas há amplas demonstrações de que os níveis mais baixos de comunicação interferem no desenvolvimento de uma boa competência social, que normalmente inibe os impulsos agressivos.

Igualmente, há alguma evidência de que desde a idade pré-escolar as mulheres apresentam os mais altos níveis de empatia para com os outros e sentem mais facilmente culpa pelas ações praticadas, dois fatores que são essenciais pela limitação endógena dos atos agressivos. Ao contrário, os homens apresentam mais facilmente aquele traço temperamental definido como endurecimento — caracterizado por um defeito de empatia e da capacidade de se identificar com o sofrimento experimentado pelo próprio semelhante —, que favorece o desenvolvimento de comportamentos agressivos.

Outro fator ligado às diferenças de gênero diz respeito ao modo como as crianças são atendidas e criadas. Muitas vezes, a resposta disciplinar dos pais a um menino de temperamento difícil é notavelmente diferente em relação à que habitualmente é dada a uma menina diante do mesmo comportamento. A energia aplicada em censurar a ação violenta é muito maior para as mulheres que para os homens. Além disso, os pais são muitas vezes complacentes com o comportamento agressivo do filho, que pode ser visto como indicador de força e de futura autodeterminação. A maior tolerância em relação aos comportamentos agressivos expressos pelos homens pode constituir um elemento posterior que contribui para as diferenças de gênero e fazer com que os comportamentos violentos sejam nitidamente mais frequentes nos homens, a ponto de constituir quase uma prerrogativa deles. Muitos consideram a antissociabilidade feminina diferente da masculina, também porque, quando as moças cometem algum crime, se não foi por causa de um laço sentimental com um rapaz delinquente, frequentemente têm problemas patológicos mais graves que os homens e cometem crimes mais graves.

Violência virtual e violência real

Faz alguns anos, apareceram nas manchetes dos jornais alguns jovens que pareciam se divertir jogando grandes pedras nos carros que passavam sob os viadutos das rodovias. Não foi muito difícil identificar esse grupo de jovens; um deles afirmou que não era sua intenção fazer mal a seres humanos, visto que o objetivo de suas ações — indubitavelmente criminosas para qualquer pessoa que as observasse de fora — era somente conseguir atingir um objeto que estivesse passando, exatamente como se pode fazer num *videogame*.

No centro parisiense Marmottan para as dependências químicas, foi desenvolvido recentemente um setor específico de cuidados integrados (psicoterapêuticos e psicofarmacológicos) para a videodependência: sempre com maior frequência, de fato, são levados para consulta crianças e jovens que passam horas e horas diante de *videogames*, até o ponto de comprometer a frequência à escola e os resultados escolares. Para esses jovens, a realidade humana se torna periférica e é substituída progressivamente pela do *videogame*, com o qual se pode brincar infinitamente de matar ou de ser morto, de tirar ou de dar novamente a vida, para depois novamente poder agredir, sem que emoções ou sentimentos possam emergir em quem pratica essas ações ou é vítima delas. O mundo em que esses jovens passam grande parte do seu tempo se transforma em um mundo virtual. O que pode acontecer quando, deste mundo virtual, a-social e onipotente, se volta ao precário mundo dos comuns mortais dotados de um corpo e de uma alma? Essa passagem exige poder fechar uma porta e abrir outra; mas a atração do virtual fica à espreita, e o que pode acontecer quando a linha de limite entre virtual e real não é mais tão clara? Pode-se, por exemplo, precisar enfrentar uma situação de depressão culpável no momento em que não se consegue fazer sobreviver o pequeno animalzinho necessitado de cuidados, refugiado dentro do *videogame*. Ou pode-se, como aconteceu aos rapazes do viaduto, querer experimentar deslocar a agressividade lícita e gratuita do *videogame* para o mundo humano.

Os *videogames* se fundamentam geralmente na eliminação de alguém e na vitória ao se atirar e matar. Em relação à violência televisiva sofrida passivamente, os *videogames* exigem uma intervenção direta; a violência é realizada quando se aperta rapidamente, automaticamente e sem pensar, determinados botões do *videogame*. Uma prova repetitiva e entorpecente que deixa os jovens com vontade de ser cada vez mais violentos, mas também expostos ao risco de querer transportar para a realidade a ação realizada na microtela.

Outra característica dos *videogames* é a gradual falta daquela sadia e essencial experiência de "fazer de conta", que se conserva sempre presente na leitura, ou também quando se vê um filme. Nesse sentido, o *videogame* é muito mais prejudicial que qualquer visão ou leitura de conteúdo violento. A discussão sobre imagens violentas presentes nos meios de comunicação, ou sobre a violência de fundo subentendida também em algumas fábulas, oscila entre dois polos. De um lado, há os que afirmam que são uma válvula de escape e que a sua visão é um bom modo para não praticá-la; de outro lado, há os que temem que façam parecer normais e naturais os atos violentos e estimulem a imitação. A verdade não está em nenhuma dessas posições. Uma pesquisa demonstrou que, se é verdade que os *videogames* violentos não causam os crimes, é, porém, verdadeiro o fato de que têm um impacto negativo sobre jovens que já são vulneráveis. O problema real é, portanto, o da vulnerabilidade, em que há um elemento que é um déficit do "fazer de conta", ou da capacidade de ingressar naquela área de transição onde realidade e fantasia podem interagir sem nunca se confundirem totalmente uma com a outra. Quando a possibilidade de entrar e sair livremente dessa área é ampla e sustentada por fatores educativos, as ações violentas, fantasiadas no jogo ou por meio das fábulas ou de um filme, podem ser úteis na elaboração da agressividade.

O uso repetido e exclusivo dos *videogames* pode, ao contrário, dar lugar à falência da distinção entre aquilo que pode ser imaginado e aquilo que pode ser feito. Violência virtual e violência real podem se confundir, dando lugar a uma nova categoria de atos violentos com os quais, no futuro, deveremos provavelmente nos defrontar em medida sempre crescente.

A "reflexão"

Veremos como esse aspecto "confuso" entre realidade e fantasia é central para a compreensão do ato violento. A violência é prerrogativa do mundo humano:

diversamente da agressividade, não existe no mundo animal; para se desenvolver, precisa de uma profunda distorção do funcionamento mental normal. A natureza dessa disfunção não é totalmente clara: gostaria de oferecer ao leitor, neste livro, alguma chave de leitura, embora não exaustiva, para poder se aproximar daquilo que habitualmente nos aparece distante e incompreensível. A incompreensibilidade está ligada ao fato de que é nosso costume procurar compreender o estado mental do outro, entrar em sintonia com sua emotividade e fazer teorias sobre aquilo que o outro pensa. Diante do ato violento, essa atitude espontânea humana se detém horrorizada. É no nível dessa mesma função tão peculiar da mente humana que se coloca, provavelmente, também o núcleo de defeito central ao redor do qual se organizam os distúrbios dos jovens de quem falaremos. Trata-se, de fato, de jovens que, de alguma forma, apresentam uma dificuldade específica para *refletir* sobre as próprias experiências, as próprias sensações e os próprios sentimentos. Jovens que, poderíamos dizer, vivem na superfície da própria mente e têm uma dificuldade específica para descer na direção daquelas áreas mais profundas, ligadas às emoções, sentimentos e relações. Isto é, aquelas áreas da mente que nos permitem entrar em sintonia com os estados mentais dos outros. Sem o desenvolvimento dessas conexões, permanecemos num estado de superficial equivalência psíquica, no qual não há distinção entre ficção e realidade; tudo se apoia naquilo que experimentamos, sem a modulação operada pelas nossas emoções e pelo modo contínuo de colocá-las em confronto com os estados emotivos dos outros. É possível pensar que esses defeitos do funcionamento mental tenham origens muito precoces.

A capacidade de pensar naquilo que os outros experimentam enquanto estão conosco e como nós agimos em relação a eles nasce, de fato, nas primeiras relações afetivas. Precocemente, as primeiras explorações do estado mental do outro tornam possível à criança, mesmo quando muito pequena, encontrar na mente de quem cuida dela uma autoimagem como ser pensante e motivado por afetos e intenções. É esse tipo de experiência que permite à criança explorar também os próprios estados emotivos e superar os estados de equivalência psíquica. Se isso não acontece, os jogos de ficção não se desenvolvem, realidade e fantasia permanecem confusas e a criança se encontra continuamente em risco de perder a própria coerência interna e de viver fora de si os estados afetivos. A esse defeito de reflexão precoce podem ser referidos muitos dos aspectos característicos dos jovens violentos.

Capítulo II

As raízes da agressividade

A discussão sobre as origens da agressividade humana interessa transversalmente a muitas disciplinas, que vão da filosofia à medicina e à sociologia. A discussão gira habitualmente em torno das tentativas de dar resposta à pergunta — à qual é impossível responder — sobre as origens da agressividade e sobre o papel dos fatores predisponentes de tipo biológico e hereditário em relação ao papel das experiências sociais do indivíduo. A especial fase histórica e o clima cultural dominante condicionam, muitas vezes, o deslocamento do centro de gravidade da resposta para um dos polos. Recentemente, por exemplo, esse centro de gravidade deslocou-se de uma prevalência de respostas que ligavam a agressividade ao tipo de experiências macro e microssociais para respostas que sublinham a importância dos elementos biológicos, constitucionais e hereditários na origem dos comportamentos agressivos. O fato de a agressividade estar ligada a uma particular organização hereditária das funções cerebrais não é novo. Na tradição helênica, a família de Orestes e Agamenon era descrita como influenciada por tendências para o crime e para o homicídio, já presentes nos seus antepassados. As trágicas aventuras de Orestes, narradas por Ésquilo e por Sófocles, parecem realmente descrever a história de uma família destinada a sofrer os efeitos de uma violência que passa de geração para geração, segundo as leis do destino apreciadas pelo mundo grego; mesmo que estas não falem de predisposição biológica para a agressividade ou de hereditariedade genética, parecem, no entanto, descrever a luta de algumas pessoas contra as tendências que superam a sua vontade e a sua liberdade.

No decorrer dos séculos, procurar estabelecer uma relação entre cérebro e violência tornou-se um desafio para os limites objetivos da ciência, no momento em que esta deve se confrontar com a complexidade do comportamento humano. Para evitar o risco de afirmações apressadas e passagens bruscas de paradigmas psicogenéticos ou sociogenéticos para paradigmas biológicos, é ainda necessário enfrentar o problema das raízes do comportamento agressivo e violento por meio da exploração de diversos pontos de vista, mediante os quais se torne possível uma visão integrada dos fatores que participam da criação do fenômeno violento.

Segundo uma escala que vai do mais simples ao mais complexo, partiremos dos estudos sobre os fatores biológicos. Dentro deles, distinguiremos: os estudos de genética, que procuram identificar os traços comportamentais mais fáceis de serem herdados; os estudos de neuroimagiologia que procuram identificar o funcionamento do cérebro por meio de métodos cada vez mais sofisticados de visualização; finalmente, os estudos sobre neurotransmissores cerebrais, que representam a interface biológica de todo comportamento psicológico. No seu conjunto, esses estudos sobre os fatores biológicos trouxeram à luz como a compreensão do comportamento violento deve se apoiar na compreensão do desenvolvimento humano normal, isto é, daquilo que é comum e não daquilo que é extraordinário.

O gene da violência

Vivemos num tempo em que é dominante a ideia de que não existe qualquer distúrbio que não tenha bases genéticas. O Projeto Genoma pôs termo ao sequenciamento do DNA e, hoje, o conhecimento dos nossos genes é quase completo. No entanto, ainda permanece aberta a pergunta sobre a relação existente entre cada um desses genes e os seus efeitos sobre o comportamento humano. Quanto um genótipo determina certo fenótipo comportamental, isto é, as características constantes da personalidade? A resposta a essa pergunta permitirá compreender algo mais da nossa natureza humana. Quando nos encontramos diante de doenças da mente, o problema não é identificar um gene certamente responsável por determinado distúrbio, mas uma série de genes que podem predispor a pessoa à doença, cuja expressividade depende de mecanismos transcritores (o DNA precisa de uma transcrição por meio do RNA para chegar à produção das proteínas que vão constituir o embasamento do nosso cérebro), muito dependentes dos estímulos positivos ou negativos que provêm do ambiente.

Os estudos genéticos estimam que cerca de 40% da tendência para o comportamento agressivo, particularmente aquele de natureza impulsiva, deve ser atribuída a fatores genéticos. Os genes, portanto, não podem ser considerados os únicos responsáveis pelo comportamento agressivo, nem os líderes na determinação das interações existentes entre ambiente e cérebro, quando da construção da personalidade. Certamente contribuem diretamente para definir os fatores individuais predisponentes de tipo cognitivo e temperamental que, por sua vez, influenciam a emergência dos comportamentos agressivos e antissociais, sem, no entanto, poderem ser considerados possuidores de um impacto direto sobre o comportamento violento.

Alguns estudos que procuraram responder ao quesito relativo ao papel que a hereditariedade genética exerce na expressividade comportamental basearam-se no grau de concordância dos traços comportamentais presente nos irmãos univitelinos (os gêmeos fenotipicamente iguais, que partilham o mesmo patrimônio genético) em relação aos irmãos bivitelinos (os gêmeos fenotipicamente diferentes, que possuem um patrimônio genético diferente). Quanto maior for a concordância nos gêmeos univitelinos em relação aos gêmeos bivitelinos, mais um determinado traço comportamental será provavelmente de natureza genética. Esses estudos levaram em consideração alguns aspectos temperamentais e comportamentais considerados essenciais para a pesquisa no campo da genética do comportamento. No tocante aos aspectos comportamentais, foi observado que, tanto a inibição e a evitação de dano (que são considerados fatores temperamentais de proteção em relação aos comportamentos agressivos), quanto a oposição e o endurecimento (que são considerados fatores temperamentais de risco) estão ligados a fatores genéticos.

Quanto aos aspectos comportamentais, procurou-se distinguir o comportamento de oposição e agressivo do comportamento delinquente, que, considerados em conjunto, são expressão dos distúrbios *externalizados* (isto é, caracterizados pela tendência em expressar os próprios conflitos) da criança e do adolescente. Estudos sobre gêmeos demonstraram que o comportamento de oposição e agressivo é altamente herdado e pouco influenciado por fatores ambientais, enquanto o comportamento delinquente está pouco ligado a fatores genéticos e mais ligado a fatores pertencentes ao ambiente social compartilhado.

Um estudo mais recente reordenou em quatro grupos os problemas externalizados das crianças: comportamentos de oposição, agressividade, violação das propriedades, como furto ou vandalismos, e violação das regras sociais, como fugas da escola e faltas às aulas. O estudo demonstrou uma elevada hereditariedade genética dos comportamentos de oposição e uma hereditariedade progressivamente mais baixa na violação das propriedades e das regras. Ao contrário, os fatores ambientais têm uma influência mais elevada na violação das regras e cada vez mais baixa à medida que se vai para os comportamentos de oposição. Considerando que há um progressivo aumento da idade média de aparecimento desses quatro grupos de problemas (é de fato largamente compartilhado o fato de que os comportamentos de oposição são mais frequentes nas crianças, enquanto os comportamentos de violação de regras sociais são mais frequentemente observáveis nos adolescentes), é possível levantar a hipótese de que a importância dos fatores genéticos seja inversamente correlata com a idade de aparecimento dos problemas comportamentais. Isto é, na passagem da fase infantil para a de adolescente e a de adulto, a influência genética sobre os sintomas antissociais tende a aumentar, enquanto a do ambiente compartilhado tende a diminuir.

Com base nesses estudos, é possível imaginar que nas pessoas com comportamento violento há uma predisposição temperamental caracterizada por traços de oposição e endurecimento, significativamente influenciada por fatores genéticos, que induz interações sociais disfuncionais que, por sua vez, transformam aquela predisposição genética em um efetivo comportamento antissocial e violento. Podemos também dizer que, em geral, o grau em que uma predisposição temperamental geneticamente herdada se torna efetivamente um comportamento violento depende da qualidade do ambiente social em que a criança e o jovem vivem. Isso significa que as modalidades de educação têm uma ampla possibilidade de moderar a predisposição genética.

A progressão da predisposição para o comportamento agressivo até chegar aos verdadeiros gestos violentos e antissociais acontece quando as crianças com uma predisposição genética vivem em famílias marginais, em que o pai tem, por sua vez, comportamentos antissociais ou está ausente da família, e a criança é educada por mãe deprimida, a qual por sua vez, tem comportamentos antissociais e abusa de drogas. Essa relação existente entre genes e ambiente no aparecimento de comportamentos violentos foi bem identificada por um estudo sobre filhos adotivos considerados culpados de atos criminosos. Esse estudo demonstrou que o risco de os jovens adotados manifestarem um comportamento criminoso era maior se aos seus pais biológicos tivessem sido aplicadas penas por haverem cometido crimes, evidência esta que sugeria uma influência genética. No entanto, foi também identificada a existência de uma interação entre genótipo e ambiente, pois viu-se que o fato de os pais adotivos terem sido condenados por atos criminosos não tinha qualquer efeito sobre o comportamento criminoso dos jovens adotados, a menos que os pais biológicos não tivessem também eles sido condenados. Finalmente, o percentual mais elevado de comportamento criminoso era apresentado por jovens que tinham pais adotivos ou pais biológicos condenados por haverem cometido crimes. Esse tipo de estudos deixa muito evidente que, para construir um jovem violento, são necessários não só fatores genéticos predisponentes, como também a exposição repetida a fatores sociais de risco.

A dialética entre genética e ambiente é, portanto, essencial para a compreensão do comportamento humano: se é verdade que os genes influenciam o nosso comportamento, é igualmente verdade que o ambiente está em condições de influenciar a expressividade dos genes. Em 1993, foi descrita uma família holandesa cujos componentes masculinos eram fortemente pressionados por comportamentos impulsivos e explosões de agressividade. Nessas pessoas foi também encontrada uma funcionalidade defeituosa do gene MAOA, que se situa no cromossomo X e que codifica uma enzima, a monoamina-oxidase A,[*] que metaboliza vários neurotransmissores, como a serotonina e a dopamina, tornando-os inativos. Parecia, portanto, que se havia encontrado o elemento molecular responsável pela agressividade. Sucessivamente, várias pesquisas procuraram verificar essa associação entre comportamento humano violento e o defeito do gene MAOA, mas os resultados dessas pesquisas não produziram resultados

---

[*] A monoamina-oxidase (A e B) é uma enzima que degrada uma série de aminas biogênicas, entre as quais se encontram a serotonina, a adrenalina, a noradrenalina, a dopamina etc. (N.R.).

exatos, até que, em 2002, foram relatados os resultados de uma pesquisa longitudinal (na qual os grupos em exame foram seguidos no tempo e controlados periodicamente) realizada com uma grande população de crianças da Nova Zelândia. Essa pesquisa procurou estabelecer a existência da correlação entre maus-tratos infantis (um fator universalmente reconhecido como fator de risco para os comportamentos violentos) e defeito da atividade do gene MAOA. Pois bem, ficou evidente que as crianças maltratadas e que possuíam um genótipo caracterizado por altos níveis da expressividade do MAOA desenvolviam problemas muito mais raramente do que as crianças maltratadas e com baixa expressividade desse gene. Ao mesmo tempo, a pesquisa permitiu observar que, na ausência de maus-tratos, ter um determinado genótipo não determina maior incidência de problemas. É uma pesquisa que demonstra bem como fatores ambientais e fatores genéticos cooperam na construção das problemáticas psicopatológicas; essa é também uma demonstração de como os fatores ambientais podem agir como fatores capazes de *revelar* o defeito genético de base. Esse modelo, no qual fatores temperamentais cooperam com uma progressiva e fraca resposta ambiental, parece efetivamente o mais realista para explicar o emergir da violência nos jovens.

Outra evidência interessante a respeito de como os fatores ambientais podem condicionar a expressividade genética nos vem de um recente estudo realizado em dois grupos de macacos: o primeiro grupo foi regularmente criado pela mãe, em condições de atendimento otimizadas, enquanto o segundo foi afastado precocemente da mãe e criado dentro de um grupo de pares, condição considerada criação de risco. Dentro desses dois grupos, tinham sido colocados de modo numericamente superior macacos com gene favorável ou desfavorável à substituição da serotonina cerebral, um neurotransmissor que exerce um papel importante na gênese dos comportamentos agressivos. O resultado da presença de um gene desfavorável à substituição da serotonina é constituído de baixos níveis de serotonina cerebral, que se evidencia por baixos níveis no líquido cerebrospinal de um determinado metabólito (o 5-HIAA).* Pois bem, no grupo de macacos criados pelos pares, isto é, numa situação de risco para o desenvolvimento, o 5-HIAA foi efetivamente mais baixo nos macacos que apresentavam gene desfavorável e mais alto naqueles que tinham gene favorável. O que parece surpreendente, no entanto, é que não havia qualquer diferença nas concentrações de metabólitos da serotonina

---

* Ácido 5 – hidroxindolacético, que é o produto final da metabolização da serotonina. (N.R.)

existentes entre macacos com gene favorável e com gene desfavorável, quando eles cresceram na plena e prolongada disponibilidade de cuidados maternos, isto é, em condições de criação ótimas para o desenvolvimento. Também com base nesse experimento, que nos vem de seres não tão distantes de nós, é possível afirmar que as experiências relacionais interagem com o genótipo, modulando-lhe a expressividade.

Existem estruturas cerebrais responsáveis pelo comportamento violento?

As estruturas cerebrais envolvidas na expressão ou na gestão dos impulsos agressivos são diversas: as mais estudadas são as estruturas límbicas, a amígdala, o córtex orbitofrontal, o lobo temporal e o córtex frontal; poderíamos dizer, aquelas estruturas por meio das quais é construída e mantida a relação existente entre as áreas cerebrais mais recentes na filogênese, destinadas ao controle e à programação das ações, e as áreas cerebrais mais antigas, destinadas à expressividade das emoções e dos impulsos, entre os quais os agressivos. A hipótese mais aceita é que o interesse dessas áreas comporte uma perda do controle inibidor sobre o comportamento, com consequente aumento da impulsividade, pouca capacidade de interiorização das regras e de previsão das consequências das próprias ações, todos fatores que estão na base de uma ação agressiva imprópria. As áreas interessadas já citadas são as mesmas implicadas no desenvolvimento das assim chamadas "funções executivas", isto é, daquelas funções cerebrais que estão na base da nossa capacidade de programação e de previsão dos efeitos das nossas ações, como também na base da capacidade de inibição das respostas imediatas e impulsivas.

Um grupo de pesquisadores italianos realizou um interessante experimento com um grupo voluntário de jovens estudantes universitários. Enquanto esses jovens foram submetidos à tomografia para emissão de pósitrons (um exame especial que permite visualizar as áreas cerebrais que entram em função enquanto a pessoa realiza tarefas específicas complexas), foi-lhes pedido que imaginassem diversas variações do mesmo cenário: encontrar-se dentro de um elevador com a própria mãe e com dois desconhecidos. Havia variações dessa cena-base: pedia-se aos estudantes que imaginassem diversas reações às tentativas de atos violentos realizados pelos dois desconhecidos contra a mãe. Primeiro, pedia-se que imaginassem não terem qualquer reação à visão da cena de violência; depois se pedia que imaginassem não só uma reação agressiva à cena de violência, como também o fato de serem impedidos de reagir por parte de um dos desconhecidos; por fim, pedia-se que fizessem de conta que conseguiam bater, ferir ou até matar os agressores da mãe. Esse experimento colocou em evidência um progressivo aumento da redução da ativação do córtex orbitofrontal à medida que se caminhava para situações nas quais a agressividade podia ser mais bem expressa, como na terceira situação, na qual era dado aos estudantes o comando de poderem dar rédeas à imaginação de que estavam matando o agressor.

Esse experimento parece indicar, muito claramente, que as regiões corticais orbitofrontais têm um papel importante na expressão e na modulação do comportamento agressivo. Isso leva também a levantar a hipótese de que a anômala expressão de comportamentos agressivos presentes nos indivíduos violentos seja acompanhada de uma espécie de zerar funcionalmente essas áreas cerebrais que não permitem a essas pessoas inibir adequadamente as respostas agressivas.

A área orbital do córtex pré-frontal (assim chamada em razão de sua proximidade com a órbita do olho) se encontra escondida nas superfícies ventriculares e mediais do lobo pré-frontal; está, assim, intimamente ligada às áreas límbicas e foi concebida como o córtex associativo pela excelência existente entre a parte mais antiga do cérebro humano e as partes mais recentes que caracterizam o desenvolvimento cerebral do *homo sapiens*. De fato, além de receber mensagens de todas as áreas sensoriais do córtex posterior, essa estrutura se comunica com as áreas límbicas, o polo temporal, a amígdala e os centros instintivos do hipotálamo. Nessa posição anatômica, essa área domina hierarquicamente as partes mais antigas do cérebro.

O fato característico, porém, é que se trata de uma área cerebral ainda fortemente imatura no nascimento, cujo desenvolvimento ao longo dos primeiros dois anos de vida depende das experiências sociais. Existem ainda muitas pesquisas de tipo neurobiológico que indicam que os cada vez mais complexos sistemas estruturais de autocontrole estão localizados no córtex orbital pré-frontal, que não são ainda constituídos no momento do nascimento e que amadurecem ao longo dos processos sociais. O amadurecimento do córtex pré-frontal, a maior área do córtex cerebral humano, atinge o primeiro nível organizativo nos primeiros anos de vida e continua até a adolescência, quando a bem conhecida reorganização psicológica desse período da vida encontra o próprio substrato neurobiológico em novos processos maturativos de proliferação sináptica e de desenvolvimento neuronal.

A maturação do córtex pré-frontal pode, portanto, explicar as conquistas evolutivas, em termos de atenção e de resposta retardada, que permitem à criança reagir às novas situações com base não impulsiva, mas de representações imaginadas. Essa função emergente deriva do desenvolvimento das conexões corticolímbicas dependentes da experiência. Por meio dessas densas conexões existentes entre áreas do córtex mais recentes e mais antigas, são gerados os modelos operativos internos, que são as representações das interações da criança com a figura primária de afeição, as quais servirão como modelos da interação social por toda a vida. Esses modelos operativos internos permitem ao indivíduo formar expectativas, avaliar as interações, codificar as respostas afetivas — próprias e dos outros; por meio deles, a criança representa a esperança de ser correspondida pelo parceiro e de a ele corresponder, como também de participar e de compartilhar do estado mental do outro. Tudo isso pode acontecer em situações de educação adequada e de ausência de estresses intensos e repetidos.

A relação negativa que o estresse reiterado pode ter sobre o desenvolvimento cerebral foi especialmente estudada nos maus-tratos infantis. É conhecida há muito tempo a estreita relação que maus-tratos e abuso mantêm com a expressão de comportamentos violentos dos jovens. Os maus-tratos recebidos na infância representam, de fato, um dos elementos de maior risco para o aparecimento de comportamentos violentos nas idades posteriores. Contudo, é levado em consideração o fato de que os maus-tratos e o abuso, além de terem uma influência negativa direta sobre a mente das crianças, têm também o poder de modificar até a estrutura do cérebro, justamente porque agem na faixa etária mais precoce da vida das crianças, quando o cérebro é, por assim dizer, esculpido pela experiência. O impacto de fatores estressantes graves, como os maus-tratos e o abuso, deixa no cérebro uma marca indelével que altera a sua estrutura e as suas funções de regulação. Em especial, foi amplamente demonstrado que os maus-tratos alteram o desenvolvimento do sistema límbico, da amígdala e do hipocampo, por meio de uma exposição excessiva aos hormônios do estresse.

No entanto, foram identificadas alterações cerebrais também no desenvolvimento assimétrico dos hemisférios cerebrais (os hemisférios cerebrais esquerdos se tornam menores), do corpo caloso (que habitualmente permite uma cooperação harmoniosa dos dois hemisférios cerebrais, a qual é menor nos casos de abuso), do cerebelo (que igualmente tem uma importante função de harmonização das nossas ações) e das regiões pré-frontais (que, como vimos, têm um papel central na autorregulação dos atos afetivos e comportamentais). Experimentos de ressonância magnética funcional, diante de tarefas cognitivas ou emocionais, permitiram ver como os adultos que apresentam uma história de abuso — em relação às pessoas controladas que usam os dois hemisférios cerebrais de modo integrado — tendem a usar prevalentemente o hemisfério esquerdo quando recordam acontecimentos neutros, enquanto tendem a usar o hemisfério direito quando recordam acontecimentos perturbadores.

Os neurotransmissores

Os neurotransmissores podem ser considerados como os últimos terminais das conexões nervosas das quais depende a harmonia das nossas ações; são uma parte essencial das conexões sinápticas das quais depende a correta transmissão dos impulsos de um neurônio para outro e constituem a base da aprendizagem e da memória. Muitos estudos procuraram avaliar a função de alguns neurotransmissores nos mecanismos de controle e modulação da agressividade.

A partir da década de 1970, quando foi identificada a serotonina como novo neurotransmissor cerebral, a teoria serotonérgica do comportamento agressivo teve mais crédito. Verificou-se, por exemplo, que altos níveis periféricos de disfunção da serotonina no âmbito cerebral podem prever, na idade evolutiva, maior incidência de comportamentos agressivos. As evidências em favor da teoria serotonérgica dizem respeito prevalentemente à agressividade impulsiva. Diversos estudos, de fato, demonstraram níveis de serotonina central alterados somente na agressividade impulsiva; contudo, essas alterações não foram encontradas em pessoas que apresentam comportamentos violentos premeditados. Essas mesmas alterações foram também encontradas nos piromaníacos e contestadas em modelos animais. Esse conjunto de estudos parece demonstrar uma redução das capacidades de resposta do sistema serotonérgico nas pessoas que apresentam comportamentos violentos. Os estudos indiretos que indagam a função serotonérgica central por meio do modelo periférico da ligação da serotonina nas plaquetas demonstram também uma correlação inversa entre o número dos pontos para essa ligação e a agressividade. Deve, no entanto, ser observado o fato de a serotonina, além de ter um papel direto sobre o comportamento agressivo, ser também considerada o principal mediador das influências ambientais sobre o desenvolvimento cerebral. Como a maioria dos fatores genéticos e estruturais, o sistema da serotonina é muito sensível aos fatores ambientais; os seus níveis são fortemente influenciados pelo estresse devido a situações sociais ou biológicas anômalas. Foi, por exemplo, amplamente demonstrado que as crianças que foram frequentemente espancadas se tornam precocemente agressivas com os outros, especialmente com os mais fracos (irmãos menores, companheiros mais jovens, animais, idosos), e apresentam, ao mesmo tempo, disfunção da serotonina.

A teoria do aumento da impulsividade agressiva por via serotonérgica não deve ser vista, portanto, numa ótica determinista, pois as influências das variáveis ambientais como moduladores de funções serotonérgicas são constantes no ciclo da vida, e o papel da serotonina no comportamento deve ser observado na relação complexa existente entre cérebro, mente e ambiente.

Bases cognitivas da agressividade

Do ponto de vista cognitivo, os jovens com comportamentos agressivos ou violentos apresentam anomalias ou déficits na modalidade com as quais são elaboradas e interpretadas as experiências sociais. Nesse âmbito se insere a capacidade de criar laços sociais, de elaborar soluções alternativas para os problemas presentes nas interações sociais, de antecipar as consequências das próprias ações, de dar uma correta interpretação para as motivações que levam os outros a agir. Os jovens violentos tendem a interpretar como hostis as situações ambíguas, nas quais as intenções dos outros não são claras; os escopos de ira que resultam disso não são adequadamente avaliados, nem seguidos de suficiente autocrítica. Esse comportamento é inexplicável não só para os colegas, como também para os adultos, sobretudo, e leva ao isolamento do jovem agressivo, o qual se vê, assim, confirmado na própria sensação de viver em um ambiente totalmente hostil.

Essas dificuldades sociocognitivas tornam esses jovens excessivamente sensíveis a estímulos sociais mesmo que levemente hostis, criam a tendência a atribuir intenções hostis aos outros e se associam a uma subestima da própria agressividade. Junto com tais dificuldades sociocognitivas, os jovens violentos têm também dificuldades em algumas funções cognitivas específicas; entre estas, foi dada atenção especial ao déficit das funções executivas. Com tal expressão, lembramos, se entendem as funções de planejamento, organização e modulação do comportamento, que permitem refletir antes de agir e, portanto, de programar as ações.

Defeitos cognitivos nesse âmbito comportam a presença de um repertório limitado de soluções diante dos estímulos que despertam raiva, de pobreza de soluções cooperativas ou assertivas verbais, de excesso de soluções orientadas para ações dirigidas de tipo agressivo.

Das teorias etológicas às psicodinâmicas

Os etólogos se ocuparam longamente da agressividade humana e das suas relações com a agressividade animal. Konrad Lorenz propôs uma teoria da agressividade, em que esta é vista como uma forma de instinto que pode estar presente independentemente dos estímulos externos, embora às vezes se manifeste como resposta a determinados estímulos ambientais em relação aos quais exerce o papel de mecanismo libertador. A agressividade da qual fala Lorenz não é confundida com a violência destrutiva, pois é vista como a serviço da vida e da sobrevivência do indivíduo e da espécie. A agressividade, para Lorenz, tende a um aperfeiçoamento da espécie; portanto, entra numa dinâmica darwiniana de aDPAtação e de seleção bem diversa da violência, que é uma ameaça à sobrevivência da espécie.

Irenäus Eibl-Eibesfeldt, aluno de Lorenz, chama a atenção sobre o pensamento de seu mestre a respeito da utilidade do comportamento agressivo com o objetivo da conservação da espécie e fruto de uma série de aDPAtações filogenéticas. Segundo esse autor, o comportamento agressivo do animal estudado pelos etólogos não deve ser confundido com o humano, mesmo que possam existir analogias. De fato, enquanto o comportamento animal é rígido e visa a satisfazer necessidades, o do ser humano é, por sua natureza, "cultural", visto que o ser humano é atraído por tudo aquilo que pertence à cultura, que é determinado mais pelo desejo de saber que pela necessidade de satisfazer impulsos. No entanto, os etólogos deram muitos exemplos de agressividade humana que repete modelos animais: a luta pela posse de objetos ou do território, a competitividade, a inveja, a agressividade exploradora. Os etólogos falam também de agressividade por imitação; tal argumento tem forte ressonância social por meio da contribuição de violência cotidianamente introduzida pelos meios de comunicação.

Em relação à etologia, a psicanálise demonstrou interesse na agressividade somente no momento em que Sigmund Freud desenvolveu a ideia de agressividade independentemente do instinto sexual e essencialmente ligada à frustração narcisista. A grande virada do pensamento freudiano aconteceu depois de 1920, quando a teoria dos instintos foi revista e foi postulada a teoria dicotômica do instinto de vida, ou *eros*, contraposto ao instinto da morte, o *thanatos*. A partir desse momento, a agressividade e a destrutibilidade foram atribuídas ao impulso de morte que, como carga energética destrutiva inata a todo ser humano, é lançado no mundo externo. Esse ato de extravasar é descrito como necessário ao Eu para se proteger da própria carga autodestrutiva.

Em seus últimos anos de vida, Freud apresentou uma posição muito pessimista, descrevendo o impulso de morte como uma força que age no ser humano e que está além de toda possibilidade de controle. Freud descreveu o ser humano como dotado de uma bagagem impulsiva rica de agressividade na qual o outro não é visto somente como objeto de prazer, mas como objeto sobre o qual se pode extravasar o próprio impulso destrutivo, sob a forma de ódio, agressividade e sadismo. É essa agressividade que revela "a besta selvagem" que existe no ser humano, à qual é estranho o respeito pela própria espécie. Finalmente, a psicanálise, sublinhando não só a complexidade, mas também a centralidade da agressividade nas próprias teorizações, reconduziu-a a dois fatores fundamentais:

1. um fator impulsivo primário e irredutível ligado ao impulso de morte e que se manifesta como ódio, sadomasoquismo e destrutibilidade;
2. um fator relacional secundário, pelo qual a agressividade é reativa e defensiva num ambiente inadequado ou falimentar em relação aos desejos da criança.

Desses dois modelos brotam duas concepções diferentes da vida: de acordo com a primeira, nós somos fundamentalmente dominados pelo ódio, pela crueldade, pelo sadismo e pela destrutibilidade; a vida se torna, então, uma constante luta para tentar administrar essas paixões mortíferas. A segunda concepção prevê que o ser humano nasce inocente, como queria Rousseau, e que o ódio e a destrutibilidade humana são produtos das frustrações, dos traumas, das privações e dos abusos sofridos no decorrer da infância. Com base nesses diferentes modelos, são também diferentes as interpretações que a psicanálise deu sobre a agressividade e a destrutibilidade humana. Alguns psicanalistas procuraram conservar distintos a agressividade e o impulso de morte, sublinhando o papel da primeira como força motivacional positiva para o desenvolvimento do indivíduo. Outros deram sempre maior importância à falência das relações precoces, redimensionando o papel de um impulso primário de morte.

Em qualquer caso, a psicanálise coloca a agressividade no centro da própria análise psicopatológica e propõe como chave de leitura dos comportamentos agressivos a presença de uma estrutura narcisista da personalidade, que é dominada pela onipotência do pensamento e que leva o indivíduo a reagir à frustração com gestos violentos. Nos casos extremos, tratar-se-ia de uma organização maligna da personalidade, diretamente ligada ao impulso de morte, e que está na base dos comportamentos violentos tanto individuais como de grupo.

Em relação aos dois modelos contrapostos, já descritos, é possível, porém, entrever aí um terceiro derivante da integração do modelo de um impulso agressivo primordial com o de uma agressividade secundária às experiências traumáticas da infância. Segundo esse terceiro modelo, é da intensidade do impulso da criança e da capacidade do ambiente em satisfazer os seus desejos que dependem a organização da personalidade, o ato de colocar em ação as defesas mais ou menos evoluídas, as modalidades comportamentais e o controle final da agressividade.

Por uma teoria unitária

Os modelos biológicos e psicológicos do comportamento violento não são entendidos como modelos capazes de dar, isolados, explicações causais de um fenômeno que é extremamente complexo, como foi muito sublinhado. Essas raízes complexas tendem, no entanto, a desaparecer diante da manifestação da violência, que se concretiza em um gesto relativamente simples, cuja causa se quereria saber logo, sem considerar-se que os diversos modelos não são contrapostos entre si, mas estão em interação contínua, todos igualmente necessários para se chegar a uma compreensão adequada do gesto violento.

Historicamente, os modelos de agressividade foram focalizados no modo pelo qual a agressividade humana é adquirida ao longo da vida e foram fundamentados em uma análise da violência como falência dos processos normais de desenvolvimento. Freud sugeriu um ponto de vista, apoiado pelos dados modernos sobre o desenvolvimento precoce da criança, segundo o qual a experiência social intervém para ter sob controle uma destrutibilidade intrínseca à humanidade; o ambiente não cria a destrutibilidade, mas compromete os processos sociais que normalmente a regulam e a mantêm sob controle. A teoria da agressividade inata deve levar em consideração a existência da agressividade positiva, voltada à sobrevivência, e o modo em que se expressa um genuíno protesto contra as durezas da vida.

A compreensão do desenvolvimento da violência como falência do processo normal de desenvolvimento permite levar em consideração a influência dos fatores ligados à criação como fatores que podem modular a expressão da agressividade.

Um recente estudo realizado com 310 crianças provenientes de famílias de baixa renda, acompanhadas dos 18 meses aos 6 anos de idade, examinou a capacidade da criança de controlar a raiva numa situação de frustração. As crianças que haviam apresentado uma *afeição segura* na idade de 18 meses (isto é, uma afeição infantil à mãe vivenciada como base segura em condição de protegê-la e de socorrê-la) demonstraram saber desvencilhar-se mais facilmente do estímulo frustrante, em relação àquelas que haviam apresentado uma *afeição insegura* (na qual a criança não tem a experiência da mãe como base segura). As primeiras demonstraram também usar mais frequentemente a palavra para perguntar quando e como o obstáculo, fonte da frustração, seria removido. Nesse mesmo estudo, a presença de um controle materno não rígido, livre do exercício excessivo do poder, demonstrou que ajudava as crianças a aprender a desviar a atenção para aspectos menos frustrantes do ambiente, mais que reagir impulsiva ou agressivamente. Esse estudo propõe a hipótese, portanto, de que o comportamento impulsivo da criança fora reduzido, porque uma estratégia diferente de resolução do problema já havia sido vivenciada e modelada na interação com a mãe, a qual tinha tido um comportamento flexível e capaz de modular a dispersão da criança; a ausência de tais características maternas tende a estimular na criança uma resposta raivosa, como primeira resposta às situações frustrantes.

Outro estudo, efetuado mediante um teste repetido anualmente dos 18 meses aos 5 anos de idade, que consistia em levar as crianças a acreditarem que tinham quebrado um brinquedo de valor, examinou o desenvolvimento do sentimento de culpa, que representa um importante elemento para dissuadir a reação impulsiva de tipo agressivo ou violento. Nesse estudo, observou-se que uma atitude materna negativa, somada, em especial, ao exercício excessivo do poder, prejudica o desenvolvimento do sentimento de culpa na criança.

Esse tipo de pesquisas faz considerar, atualmente, que o uso de condicionamentos positivos por parte dos pais, o recurso reduzido à ameaça e ao exercício de poder, a evitação de comentários negativos e de reações de raiva constituem fatores capazes de incrementar a probabilidade de que a criança apresente um desenvolvimento mais adequado do sentimento de culpa, que certamente representa um fator de autolimitação à agressividade.

Compreender a mente do outro

Um passo posterior para uma teoria unitária foi dado no momento em que diversos campos de pesquisa e de estudo sublinharam o papel central da capacidade de compreender a experiência subjetiva do outro, que poderíamos entender como o degrau sobre o qual se apoia o progresso do primata não humano para o *homo sapiens*.

Pressupor que os outros tenham uma mente coloca-nos na condição de trabalhar em grupo, mas o preço a ser pago por esse desenvolvimento é o de renunciar a controlar o comportamento dos membros menos poderosos do nosso grupo por meio e ameaça da violência. A ameaça de violência física, enquanto não leva em consideração a possibilidade de compreender os estados de alma do outro, interfere diretamente nas possibilidades de desenvolvimento da conscientização; a ameaça permanece como condição de sobrevivência somente nos ambientes sociais degradados em que ela é regra de vida. Dentro do grupo primordial, podemos imaginar que tenha havido a livre exploração da mente do outro, fato que permitiu o gradual controle da agressividade como única lei, e permitiu, portanto, o desenvolvimento de novas leis para a sobrevivência. Isso tornou a violência largamente incompatível com o desenvolvimento da capacidade de representação do estado mental do outro. Contudo, é também preciso considerar que, do ponto de vista do desenvolvimento individual, essa capacidade está intimamente ligada às modalidades de educação da criança, pois o interesse pela mente do outro é possível somente quando se pôde fazer a experiência precoce de que os nossos estados internos foram compreendidos por outra mente (por exemplo, a da mãe). Isso explica por que a agressividade física desaparece gradualmente do repertório comportamental da criança nos primeiros anos de vida.

Podemos também supor que, em algumas pessoas, esse programa da evolução seja defeituoso e que, havendo dificuldade de reconhecer os estados mentais dos outros, elas não desenvolvam adequadamente a capacidade de inibir as respostas agressivas. Algumas pessoas podem não ser capazes de interpretar a mente dos outros porque nunca tiveram a oportunidade de experimentar essa capacidade num contexto de relações de educação e de afeição apropriadas; outras podem não o ser porque essas experiências de educação e de afeição foram interrompidas bruscamente; para outras, ainda, a nascente capacidade de conscientização foi destruída por uma figura de afeição que criou angústia, ou por extrema contrariedade ou por maus-tratos e abuso. A bem conhecida associação entre maus-tratos infantis e comportamento violento seria, portanto, "mediada" por uma inadequada compreensão interpessoal.

Frequentemente, as pessoas cuja agressividade persiste da primeira infância até a adolescência e até a primeira idade adulta tiveram experiências de afeição que não lhes permitiram estabelecer um sentido do outro como entidade psíquica autônoma. Uma contraprova deriva de diversos estudos longitudinais que, por meio da descrição da evolução de cada indivíduo ou de grupos homogêneos de indivíduos no tempo, demonstram como as influências ambientais realmente capazes de impedir que essas crianças sejam conduzidas para comportamentos violentos repetidos são aquelas que implicaram o estabelecimento de fortes relações de afeição com pessoas relativamente sadias; por meio destas, de fato, os jovens podem fazer a experiência de serem entendidos. É justamente dentro dessas relações que se torna possível adquirir o conhecimento implícito das mentes dos outros.

Para reduzir o risco de violência, poderia haver uma consequência prática: as instituições sociais de apoio ao desenvolvimento (família, escola, associações) seriam programadas de modo a favorecer experiências que permitissem enriquecer as representações dos próprios estados mentais e dos outros. Na escola, por exemplo, poderiam ser aplicados programas para ajudar os alunos a refletirem sobre os incidentes ligados ao *bullying* antes de prever unicamente a adoção de estratégias de exclusão punitivas e de afirmação de poder por parte dos adultos.

Como observamos, muitas provas biológicas são coerentes com essas hipóteses. As relações precoces não estão presentes só para proteger a vulnerabilidade do filho do ser humano, mas para organizar o funcionamento do seu cérebro, para a consecução da capacidade de representação dos estados mentais dos outros e de controle das próprias ações. Diversos estudos levaram a considerar as áreas mais recentes do cérebro, as mais tipicamente humanas (como, por exemplo, o córtex pré-frontal), como as mais implicadas no determinismo dos distúrbios antissociais; vimos também que essas mesmas áreas cerebrais são aquelas que permitem o desenvolvimento das funções executivas, das competências linguísticas e das capacidades de pensamento abstrato, que nos permitem controlar as nossas ações.

De um determinado ponto de vista, podemos descrever o percurso para a violência como caracterizado por uma redução ou alteração dessas funções. Ao mesmo tempo, é preciso ter presente que as experiências precoces têm a possibilidade de modular a resposta agressiva por meio do desenvolvimento de robustas capacidades interpretativas e de relações interpessoais em condições de reforçar a capacidade de suportar acontecimentos vitais perturbadores ou traumáticos. Assim, as ameaças à autoestima, que frequentemente constituem o elemento que desencadeia a violência, terão um impacto mais leve, pois a autoestima se apoiará em fundamentos seguros, que não nos fazem parecer ao outro somente como uma pessoa hostil e ameaçadora.

Em suma, compreender as raízes da agressividade significa compreender o gesto violento procurando entrar no mundo subjetivo da pessoa que fez aquele gesto. É esse o primeiro passo para a cura dos jovens violentos. Procurar compreender não quer dizer justificar, como muitas pessoas erroneamente acreditam.

Capítulo III

Dois tipos de agressividade

Agressividade afetiva e agressividade predatória

Os etólogos há tempo identificaram, no comportamento animal, dois tipos de agressividade: uma agressividade predatória, em que o animal é silencioso e tem pleno controle dos próprios movimentos, e uma agressividade afetiva, em que, ao contrário, o animal apresenta alto nível de excitação, com eriçamento dos pelos e ampla emissão de sons. A primeira é uma agressividade ofensiva com um objetivo claro, que visa a obter um resultado positivo para o sujeito; a segunda é uma agressividade defensiva e reativa, acrescida de temor de um acontecimento negativo. Viu-se também que esses dois tipos de comportamento agressivo têm bases biológicas diferentes: a agressividade predatória envolve as áreas laterais do hipotálamo e está associada a um aumento da atividade colinérgica, enquanto a agressividade afetiva envolve o hipotálamo ventrimedial e a amígdala e está associada a um aumento da atividade noradrenérgica e dopaminérgica junto com uma diminuição da atividade serotonérgica.

Essa distinção derivada dos estudos etológicos sobre o mundo animal pode ser válida também para a compreensão do comportamento humano em que é igualmente possível fazer distinção entre agressividade *impulsiva* e agressividade *programada* e executada lucidamente.

A agressividade impulsiva está associada à instabilidade afetiva, é de tipo explosivo e não controlada; talvez seja também dirigida contra a própria pessoa, é muitas vezes acompanhada de raiva, de medo, de altos níveis de excitação, e, do ponto de vista biológico, é correlativa a uma redução da atividade serotonérgica. Esse tipo de comportamento agressivo é bem distinto de outros comportamentos agressivos que não têm um caráter impulsivo, que são acompanhados de baixo nível de excitação e estavelmente associados a comportamentos antissociais. A essa distinção podem ser acrescentadas outras, às quais muitas vezes se faz referência.

Em primeiro lugar, pode-se fazer distinção entre agressividade de bando — que implica comportamentos antissociais e agressivos de grupo — e agressividade vivenciada e praticada de modo solitário — ligada à dificuldade em estabelecer laços e habitualmente mais carregada afetivamente.

Em segundo lugar, pode-se fazer distinção entre agressividade manifesta — que apresenta litigiosidade, lutas, objetivos de ira, hostilidade e que está mais próxima da agressividade impulsiva — e agressividade oculta — que apresenta gestos realizados de modo a não se deixar descobrir, como furtar mediante arrombamento, atear fogo, e que se expressa segundo modalidades mais controladas que a fazem aproximar-se da agressividade predatória.

Em terceiro lugar, pode-se fazer distinção entre agressividade instrumental — que tende a obter recompensas ou vantagens — e agressividade que apresenta hostilidade e impulsividade, que levaria a criança a conseguir punições mais que vantagens.

Finalmente, é possível fazer distinção entre agressividade reativa — que se manifesta como resposta a uma provocação e que é de natureza afetiva — e agressividade proativa, calculada e que tende a obter um resultado útil; as crianças que apresentam agressividade reativa são aquelas que tendem mais a interpretar os comportamentos dos colegas como hostis, enquanto aquelas que apresentam agressividade proativa não apresentam essa tendência a interpretar mal as intenções alheias.

Em suma, parecem emergir também no ser humano dois tipos de *padrões* de agressividade: o prevalentemente impulsivo-hostil-afetivo e o prevalentemente controlado-proativo-instrumental-predatório. O primeiro consiste em ataques impulsivos não planejados, levados a termo em um estado de raiva incontrolável, sensível a mínimas provocações e sem objetivo claro. Durante o comportamento agressivo, a criança frequentemente prejudica fisicamente também a si mesma e as próprias coisas sem tirar disso qualquer vantagem secundária. O comportamento predatório comporta uma projeção atenta do ataque violento; este pode ser pensado quando a criança esconde os atos agressivos, está em condição de controlar o próprio comportamento agressivo e está muito atenta para se proteger durante o ato predatório.

Um instrumento de avaliação

Na linha da identificação de dois padrões violentos separados caminha também uma pesquisa sintomática, formulada na Universidade de Vermont e usada em larga escala pelos estudos epidemiológicos em todo o mundo. Essa pesquisa sobre os comportamentos das crianças e dos adolescentes (Child Behavior Check List, CBCL) permite agrupar os comportamentos problemáticos das crianças em duas grandes áreas psicopatológicas: a dos distúrbios *externalizados* (que, como já se afirmou, identificam os distúrbios infantis caracterizados pela tendência em praticar no exterior os próprios conflitos internos), e a dos distúrbios internalizados, isto é, aqueles que se mantêm na vida do indivíduo como, por exemplo, os distúrbios neuróticos, ou ansioso-depressivos.

Os comportamentos externalizados são aqueles que interessam a este livro enquanto vão identificar as crianças ou os jovens que são caracterizados por terem controle defeituoso da agressividade, por terem tendência em não programar as próprias ações e por terem defeito de reflexão.

No interior dos distúrbios externalizados, a CBCL distingue dois grandes padrões: o dos comportamentos delinquentes e o dos comportamentos agressivos. Se uma criança apresenta um número elevado desses comportamentos (tabela 1), é possível que esteja presente um distúrbio que termine em um dos dois padrões. Com base nessa pesquisa, parece, portanto, que os dois tipos de agressividade, predatória e afetiva, identificam também dois padrões clínicos.

Sabe-se que, além de diferirem no tipo de sintomas, esses dois padrões diferem também na época do aparecimento, na evolução e na resposta ao tratamento. A época de aparecimento do comportamento violento é tão importante, que induziu os psiquiatras infantis a considerar atentamente dois tipos diferentes de distúrbios, com base exatamente na época do aparecimento.

No subtipo de aparecimento infantil, o comportamento agressivo conserva prevalentemente as características de impulsividade e afetividade, e tende a conservar as mesmas características também nas idades posteriores. Nesse subtipo, está presente um comportamento antissocial manifesto, caracterizado pela tendência à competição e ao confronto com os outros, pelo frequente envolvimento em brigas verbais ou físicas e pela presença de crises de raiva; são jovens especialmente irritáveis e hostis, que reagem de modo clamoroso a situações negativas. Colocou-se em evidência uma correlação desses comportamentos manifestos com a presença de uma patologia depressiva materna, de uma atitude irritadiça/hostil dos pais em relação ao filho e de maior frequência de conflitos entre os pais.

Tabela 1. Procedimentos indicadores de comportamento agressivo ou delinquente segundo a CBCL

1. Escala do comportamento agressivo

Discute muito
Exibe-se e se vangloria
É cruel, prepotente, malvado para com os outros
Exige muita atenção
Destrói as próprias coisas
Destrói coisas que pertencem à sua família ou a outras crianças
É desobediente na escola
Sente ciúmes facilmente
Frequentemente se envolve em brigas ou disputas
Agride fisicamente as pessoas
Grita muito
Quer aparecer ou se faz de palhaço
É teimoso, taciturno, irritável
Tem rápidas mudanças de humor ou de sentimentos
Fala muito
É muito agitado
Tem acessos de raiva, perde facilmente a paciência
Ameaça as pessoas
É muito barulhento

2. Escala do comportamento delinquente

Não se sente culpado depois de apresentar um mau comportamento
Muitas vezes anda com más companhias
É mentiroso e trapaceiro
Prefere brincar com crianças mais velhas
Foge de casa
Gosta de atear fogo
Furta em casa
Furta fora de casa
Usa palavrões ou linguagem obscena
É preguiçoso, falta à escola
Faz uso de álcool ou de drogas

> A cada comportamento do jovem é atribuída a pontuação 2 se está muito presente, e uma pontuação 0 se nunca está presente. Uma pontuação total superior a 17 para a escala agressiva e superior a 8 para a escala delinquente indica a possibilidade de o jovem ter problema de controlar a agressividade impulsiva ou predatória.

Dentro das formas de aparecimento na base infantil, é possível fazer uma posterior diferenciação entre formas primariamente impulsivas e formas ligadas a traços temperamentais de endurecimento e de baixa inibição comportamental. As primeiras são aquelas mais frequentemente associadas ao déficit de atenção e à hiperatividade com altos níveis de reatividade emocional, agressividade não planejada, baixa inteligência verbal, altos níveis de disfunção familiar. As crianças *endurecidas* (sobre as quais discorreremos mais amplamente nas páginas seguintes) são, ao contrário, caracterizadas por terem preferência pela busca de coisas novas, pouco medo, insensibilidade pelas punições, pouca reatividade a estímulos emocionais negativos. As primeiras são crianças desatentas, sempre em movimento, em relação às quais resultam ineficazes as tentativas verbais de limitar o seu comportamento; elas têm reações emotivas intensas e incontroladas, mas também tímidas. As segundas são crianças frias, continuamente em busca de situações novas, as quais enfrentam sem medo; quando se trata de situações ilícitas, há ausência do medo natural de serem punidas.

O comportamento delinquente, ao contrário, aparece mais frequentemente na adolescência. Os jovens com esse tipo de comportamento têm habitualmente relações sociais reduzidas e são especialmente desconfiados. Na personalidade dos pais destaca-se, neste caso, introversão, poucas relações sociais e abuso de drogas; no núcleo familiar há, muitas vezes, pouca coesão. Estudos de *follow-up* (controle de tempo à distância) demonstraram um prognóstico pior para o subtipo delinquente, cujas características comportamentais tendem a permanecer constantes também na idade adulta.

Do grupo ao bando

No tocante ao aparecimento na adolescência, é preciso ter presente que pode se tratar de um episódio limitado e circunscrito a esse período da vida e que, portanto, pode não assumir as características de verdadeiro e próprio distúrbio psicopatológico. Diferentemente das formas de ocorrência infantil, que são nitidamente mais fáceis de serem observadas nas crianças do sexo masculino, nas formas de ocorrência na adolescência essa diferença de gênero tende a se reduzir. O motivo não é totalmente claro, mesmo quando, como observamos, se considera que as diferenças de gênero sejam devidas a um diferente impacto que as mesmas variáveis têm sobre os diversos aspectos constitucionais dos homens e das mulheres. As competências comunicativas mais precoces, os níveis de empatia mais elevados, a maior sensibilidade à culpa, o endurecimento mais raro, a capacidade de se identificar com o sofrimento do outro, a diferente e mais reduzida tolerância dos pais aos comportamentos agressivos das filhas são fatores que exercem um papel de proteção em relação à ocorrência de comportamentos agressivos nas meninas. É legítimo, portanto, pensar que, quando a ocorrência do comportamento violento acontece na adolescência, todos esses fatores passem para segundo plano em relação a outros fatores de natureza mais especificamente social e intimamente ligados ao grupo dos adolescentes.

O tipo de grupo de colegas frequentado parece, na verdade, ser um fator central na ocorrência do distúrbio da conduta (caracterizado por comportamentos de oposição e comportamentos agressivos e antissociais) na adolescência. Enquanto na base das formas de ocorrência infantil estão mais frequentemente presentes déficits neuropsicológicos, e a violência é mais frequentemente praticada de modo individual, nas formas ocorridas na pré-adolescência e na adolescência o papel central é desempenhado pela imitação, por parte do adolescente, do comportamento dos seus pares. Por esse motivo, as formas de violência na adolescência assumem habitualmente os traços de agressividade oculta e premeditada e são ligadas mais a fenômenos imitativos de grupo que a fatores constitucionais e ambientais precoces. Isso, no entanto, não deve fazer pensar que se trata de gestos violentos menores. Podem realmente ocorrer crimes mais graves justamente nos jovens que têm sua origem em contextos sociais não desviados, mas que encontraram uma maneira de realizar no grupo uma violência impensável fora dele.

É bem sabido que, a partir da pré-adolescência, o grupo de colegas representa um fator de maturação indispensável tanto no afrouxamento dos laços infantis familiares como na administração e na socialização dos próprios impulsos sexuais e agressivos. No entanto, em algumas situações, o grupo perde essa função propulsiva para se tornar agregação patológica que se presta a uma passagem rápida e não pensada dos impulsos violentos do estado de fantasia para o de comportamentos aplicados. Um tema desse tipo é bem desenvolvido no livro de Simona Vinci, *Dei bambini non si sa niente* [Não se sabe nada sobre as crianças] (sobre o qual voltaremos a seguir), em que, entre outras coisas, encontra amparo a hipótese de que o fenômeno da agregação patológica de grupos violentos está se estendendo para a faixa da pré-adolescência.

A imprensa nos forneceu diversos exemplos dessa agregação grupal. Numa cidadezinha do sul da Itália, um grupo de rapazes com idade compreendida entre os 13 e os 17 anos realiza repetidamente, num lugar secreto e escondido, rituais violentos com crianças de menor faixa etária, como se se tratasse de um espetáculo agradável de ser assistido. Um grupo de moças se reúne periodicamente para marcar algumas colegas, atormentá-las, segui-las, espancá-las, como se se tratasse de um brinquedo permitido e prazeroso.

Quando a violência é praticada em grupo, é como se as individualidades se dissolvessem em favor de uma identidade comprometedora de grupo, do qual cada um participa perdendo as próprias características pessoais. Nesse sentido, o grupo pode, de alguma forma, ocupar uma fase da vida do adolescente provavelmente funcional ao seu desenvolvimento, embora ele consiga se libertar do grupo depois de ter passado por ele. Portanto, como é preciso evitar o estigma para cada adolescente, também para o grupo é bom evitar o lugar-comum de que toda agregação de adolescentes é uma condição de risco, que pode se tornar um bando desviante, composto de jovens destinados a uma violência crônica.

Esse risco pode, porém, existir realmente para aqueles bandos que se organizam em ambientes socialmente degradados, que muitas vezes são guiados por um adulto. Nessas situações, talvez, os adultos (chamados de "adultos-guia") estão sabendo das potencialidades agressivas das crianças e dos jovens e estão prontos a "organizar" os seus comportamentos violentos impulsivos: um jovem pode, portanto, até matar quem ele acha que olhou sua namorada; pode esfaquear alguém porque no trânsito o seu *skate* foi riscado; pode atirar em alguém, porque foi dita uma palavra errada. São os bandos de bairro, muitas vezes motorizados e compostos por jovens que fazem uso precoce de drogas. Também para os fenômenos violentos de grupo o problema é mais uma vez aquele de procurar compreender o sentido que tem a pertença ao grupo na vida de cada adolescente.

De significado muito diferente é o gesto violento cometido pelo jovem individualmente. Veremos que, nesses casos, o comportamento agressivo está fortemente ligado à presença de distúrbios da personalidade e, especialmente, veremos o importante papel do distúrbio de personalidade de tipo narcisista, no nascimento e na construção do gesto agressivo isolado.

Em suma, os dois tipos de agressividade, a predatória e a afetiva, podem ser referidos a dois tipos diferentes de organização narcisista da personalidade. De um lado, há o narcisismo "de pele dura" que combina com o comportamento destrutivo e predatório; de outro, há o narcisismo "melindroso", caracterizado por um comportamento agressivo com impulso afetivo e impetuoso.

Finalmente, os dois tipos de agressividade, de um lado, estariam intimamente ligados a estruturas psicobiológicas diversificadas e a temperamentos diversos; de outro lado, iriam caracterizar dois tipos de adolescentes pela diferente organização narcisista: o jovem que parece não estar consciente das reações dos outros, que é arrogante, egocêntrico e insensível, e o jovem hiperatento, extremamente sensível às reações dos outros, inibido e um pouco tímido, excluído, exposto às feridas e às humilhações.

O *bullying*

Entre as formas de comportamento delinquente predatório, assumiu um papel progressivamente mais importante, no decorrer da década de 1990, um fenômeno próprio da idade juvenil que se manifesta com comportamentos violentos e formas de prevaricação que intimidam as pessoas mais fracas. Esse fenômeno, para o qual se adotou o termo *bullying*, não é próprio de um grupo social, nem de determinada área territorial. Pode se manifestar tanto dentro da escola como fora dela. Por essa presença aparentemente não ligada a fatores específicos de risco, foi posto em relação com uma condição geral de desajuste juvenil denominada "mal-estar do bem-estar" ou "marginal por causa de tédio". A vontade decidida de prejudicar o outro, a assimetria de relação (na qual uma das duas partes é marcantemente mais fraca que a outra) e a persistência no tempo das agressões distinguem o *bullying* das provocações normais existentes entre companheiros. É caracterizado também pelo ingresso dos jovens e das jovens da classe média na área da marginalidade. Uma pesquisa realizada nas escolas elementares e médias de diversas regiões italianas evidenciou uma difusão preocupante desse fenômeno em todo o território nacional.

Existem duas diferentes dimensões do *bullying* escolar: uma, direta, que se explica na perseguição aberta de uma vítima, seguida de socos, pontapés, zombarias e insultos, ou apropriação dos seus objetos pessoais para danificá-los; outra, indireta, que fere as vítimas por meio de olhares ameaçadores, boatos, obrigando-as ao isolamento e à autoexclusão do grupo. Na base dos comportamentos de *bullying* há, de alguma forma, o desejo de intimidar e de dominar, que pode durar semanas, meses e até anos, e do qual é difícil se defender.

Pode chegar até a colocar em perigo a vida da vítima, com violência física que leva a lesões e, em casos extremos, à morte. As vítimas desses comportamentos persecutórios podem externar o seu descontentamento manifestando o desejo de não mais ir à escola, perdendo a autossegurança e a autoestima, a ponto de se culparem pelo fato de atraírem a truculência dos colegas. Outras podem manifestar sintomas psicossomáticos como dor de cabeça, dor de estômago, pesadelos, surtos de ansiedade.

Quando esses comportamentos não são impedidos, o *bullying* tende a se espalhar, e os agressores, se não forem dissuadidos de usar táticas intimidadoras, têm mais probabilidade que outros de adotar comportamentos antissociais ao se tornarem adultos. Na conclusão deste livro, veremos como o capítulo sobre *bullying* abriu outro, igualmente complexo, relativo ao cuidado dos comportamentos violentos na escola.

Capítulo IV

Por que alguém se torna violento?

Um dos problemas centrais dos comportamentos violentos diz respeito à compreensão do relacionamento existente entre fatores constitucionais (endógenos) e fatores sociofamiliares (exógenos) na sua determinação. Tendo presente que nenhum desses fatores pode ser considerado causal se considerado isoladamente, é possível propor um modelo bidirecional que considera uma constante interação entre as duas classes de fatores.

Segundo esse modelo, o comportamento violento emerge como produto final de uma contínua e recíproca interação entre comportamento da criança, efeitos desse comportamento sobre as atitudes dos pais, tipo de personalidade dos pais e os seus efeitos sobre modalidades de atenção à criança. Esse modelo descreve uma construção progressiva tanto do comportamento patológico do jovem como das dificuldades dos pais, dentro de uma visão que supera o ponto de vista tradicional e que enfrenta a natureza dos comportamentos violentos a partir de duas perspectivas: a do déficit constitucional interno ao jovem e a das circunstâncias ambientais defeituosas. Segundo esse modelo bidirecional, no entanto, sujeito e ambiente se influenciam reciprocamente, de modo contínuo, ao longo do desenvolvimento, definindo relações que servem depois como modelo e tendem a ser repetidas em cada relação social posterior.

Levantemos a hipótese de uma criança do sexo masculino com um temperamento difícil que tem um pai para o qual é difícil ter uma relação de sintonia com o próprio filho, por causa das próprias experiências passadas. Esse pai poderia, por exemplo, ter tido experiências traumáticas não resolvidas, e, em consequência disso, a sua atitude nos relacionamentos com a criança poderia resultar pouco hábil diante do temperamento difícil da criança, a ponto de assumir características de excessiva rigidez. Essa atitude se transforma em uma modalidade de interação pai-filho que, em vez de atenuar os problemas ligados ao temperamento difícil do filho, provoca uma exacerbação, que vai aumentar no pai as dificuldades em exercer o próprio papel de modulador do temperamento do filho. A afeição *ansiosa* ou *desorganizada* que assim se produz faz com que a criança elabore estratégias de evitação que levam a um rápido declínio da frequência das relações positivas entre filho e pai. Essa pobreza interativa pode ser evidente já na primeira metade do segundo ano de vida, época na qual há um grande progresso da motricidade livre da criança. Na ausência de uma afeição segura que exerce um efeito protetor em relação à impulsividade e à hiperatividade típicas desse período, os episódios de raiva e as relações negativas da criança se tornam cada vez mais frequentes e fazem com que o seu comportamento seja vivenciado pelo pai como cada vez mais difícil. Disso deriva um progressivo desempenho recíproco que faz os pais assumirem atitudes punitivas como meio prevalente de controle dos problemas comportamentais da criança.

Essa situação interativa não permite à criança assumir aquela atitude de curiosidade e de exploração dos estados da mente da outra, que habitualmente permite construir uma representação coerente de si mesma. Na falta dessa representação, ela experimenta um risco contínuo de desintegração, e o comportamento agressivo assume a função secundária de proteção de seu lado frágil. Pode-se então esperar que o comportamento da criança para com os pais se torne cada vez mais negativo, e que a abordagem dos pais seja cada vez mais distante e coercitiva. Por esse caminho, também a ameaça, para a criança, de perder o amor dos pais — que constitui, para estes, uma poderosa medida de controle

— perde a sua eficácia, e, para o pai, se torna cada vez mais difícil educá-la. Gradualmente essas características interativas entre criança e pais são estendidas às outras interações sociais, sobretudo àquelas presentes na escola, onde se assiste igualmente a um aumento progressivo das estratégias educativas coercitivas com punições cada vez mais severas e inconsistentes.

Finalmente, é muito comum que o temperamento predisponente à violência dos jovens se associe a um comportamento não só coercitivo como também rígido e incoerente dos pais, que transforma o traço temperamental em um distúrbio estável caracterizado pela deficiência de autocontrole interno, pela dificuldade em conceber as relações como estados mentais recíprocos e pela facilidade em adotar comportamentos violentos.

Violência e identidade em crise

O modelo bidirecional já descrito, útil para descrever o que acontece na relação pais-criança quando estamos na presença de um distúrbio precoce do comportamento, encontra diversas assonâncias com a descrição dos antecedentes psicopatológicos presentes em jovens durante a adolescência. Na história precoce desses adolescentes violentos, é quase sempre possível descobrir situações de carência ou de insatisfação que os aprisionam em relações pobres, deixando sem limite as suas sensações de onipotência. Muitas vezes na sua família faltou a função, habitualmente exercida pelo pai, de quem consegue impor regras e limites a essa sensação de onipotência; outras vezes, mesmo fisicamente presente, o pai, por causa de problemas pessoais ou por causa de um papel secundário que a mulher lhe confere, não está em condição de desempenhar o seu papel de autoridade capaz de impor limites. A partir disso, durante a adolescência cria-se uma situação nova enquanto a necessidade de diferenciação e de dependência típica desta idade não pode ser satisfeita, devido à sensação de medo e de solidão vivenciada na separação das figuras paternas não satisfatórias. A violência, então, se torna a tentativa extrema para se diferenciar e assume o sentido de uma ação que dá ao adolescente aquela sensação de força, de autoafirmação e de existência da qual ele tem extrema necessidade. O comportamento violento subentende, portanto, um distúrbio do funcionamento mental pelo qual a atividade simbólica, que habitualmente contribui para criar laços estáveis entre pensamentos, sentimentos, emoções e ações, é substituída por uma tendência a realizar os próprios estados de alma, permitindo ao adolescente fugir do contato com as experiências depressivas suscitadas pelas frágeis relações precoces. Por isso, as ações violentas são sentidas por esses adolescentes como algo que proporciona um benefício imediato, que acalma as tensões interiores, que dá aquela sensação de poder da qual eles têm tanta necessidade. O liame existente entre violência e sentimento de poder é, por outro lado, sublinhado pelo significado etimológico da palavra "violência", que tira a própria origem da palavra latina *vis*, que significa exatamente "força, poder".

A tendência para agir

As raízes dessa tendência para realizar no exterior os próprios estados emotivos internos num modo impensado e libertador foram exploradas de várias maneiras pelas teorias psicanalíticas. Os primeiros escritos psicanalíticos interpretaram os gestos violentos como um modo de exteriorizar os conflitos internos com o objetivo de eliminar o sentimento de culpa habitualmente ligado à consciência das próprias ações. Sucessivamente, foi apontada nas pessoas violentas a tendência em exteriorizar o próprio superego rígido com consequente e reduzida interiorização das regras e das instâncias psíquicas prepostas à função de controle. Esses dois elementos — a falta de sentimento de culpa e a presença externa de um superego rígido e punitivo — constituem, segundo as teorias psicanalíticas, o ponto essencial dos comportamentos violentos. Mas a psicanálise nos diz algo mais, pois sugere que, na realidade, comportamento violento e sentimento de culpa estão ligados por um fio duplo. O comportamento violento leva de fato o indivíduo a ter, de alguma forma, o que fazer com a presença real de uma autoridade externa punitiva; assim ele encontra fora de si aquele superego rígido que não quer reconhecer dentro de si. Por esse motivo, os confrontos com a autoridade externa têm uma espécie de função libertadora para o indivíduo que delínque. O mecanismo aparentemente complexo é na realidade bem simples, como são os mecanismos de defesa primitivos como a projeção e a identificação projetiva que entram em jogo nessas situações. Tentemos descrevê-lo. No momento em que a pessoa realiza o ato agressivo, precisou eliminar de si a instância interna do superego que habitualmente limitaria a própria tendência a agir violentamente e criaria um sentimento de culpa frenador. O estado mental posterior à realização do ato violento é determinado por este haver expulso de si o próprio superego e por reencontrá-lo no exterior, em figuras que representam institucionalmente a autoridade. Assim, começa o temor de ser descoberto; em consequência disso, o sentimento de culpa pela ação praticada cria uma situação de ambivalência. Se realmente o fato de ser descoberto e punido é, de um lado, temido, de outro é também desejado, em razão daquela parte de superego que, de alguma forma, ficou dentro do adolescente e que exige a punição.

Por exemplo, o modo como terminam habitualmente os filmes de TV da série *Columbo*, em que o tenente Columbo representa uma ótima descrição do estado de libertação da pessoa que cometeu o homicídio, quando finalmente surge alguém que a coloca diante da real gravidade dos seus atos e lhe permite sentir e expiar a culpa.

Uma contribuição para a compreensão da tendência a agir típica dos comportamentos violentos, tanto impulsivos como predatórios, deriva também da descrição do defeito de reflexão típico dos jovens que praticam atos violentos. A hipótese é que o jovem violento tem uma capacidade inadequada de representar para si mesmo os estados mentais tanto seus como dos outros, e que, portanto, não desenvolve a consciência de que as próprias ações e as dos outros são guiadas por pensamentos, sentimentos, crenças e desejos. Esse defeito de reflexão torna esses jovens extremamente vulneráveis diante de fatores ambientais insatisfatórios, que são rapidamente transformados em elementos deliberada e brutalmente dirigidos contra eles mesmos. Esse é o motivo pelo qual até uma leve humilhação é experimentada como potencialmente destruidora do próprio ser, e a passagem para o gesto violento é sentida como a única forma possível de defesa.

Normalidade e patologia

Segundo muitos, a linha divisória existente entre comportamentos normais e patológicos não é mais que uma convenção. Aquilo que se define como psicopatologia seria somente uma área extrema dos limites, muitas vezes arbitrários, daquela que pode ser definida uma variabilidade normal dos indivíduos. Um comportamento que não se adapta, como pode ser entendido o comportamento violento, é o resultado de processos de desenvolvimento no interior dos quais normalidade e patologia seguem regras semelhantes. No entanto, a continuidade entre comportamentos normais e patológicos não deve fazer esquecer a possível existência de uma ruptura entre normalidade e patologia. Desse ponto de vista, os distúrbios psicopatológicos podem ser definidos como disfunções prejudiciais pelo desenvolvimento mesmo do indivíduo. O comportamento violento comporta, de fato, consequências: antes de tudo, é causa da perda daquele estar bem junto com os outros, que segundo as habituais normas sociais é útil para o desenvolvimento; em segundo lugar, por meio dele é inaugurado um mecanismo de habituação que torna o indivíduo cada vez mais propenso a basear as próprias ações em mecanismos internos, como o defeito de reflexão e o descontrole dos impulsos; determina, enfim, um progressivo defeito dos mecanismos de adaptação ao ambiente, e, portanto, reduz as ocasiões de fazer experiências novas e transformadoras ligadas à progressão nas tarefas evolutivas. Esse conjunto de consequências torna o distúrbio, num determinado momento, independente do contexto ambiental e da fase de desenvolvimento; o distúrbio se interioriza, o jovem o leva sempre consigo e procura avidamente os ambientes que melhor se aDPAtem a ele. Essa procura de ambientes e grupos homogêneos ao próprio distúrbio representa a fase final, que priva cada vez mais o jovem de experiências positivas e o expõe a novos fatores de risco.

Fatores de risco, fatores de proteção e resiliência

O motivo pelo qual um jovem desenvolve um quadro patológico que outro não desenvolveria é resultado da ampla interação entre múltiplos fatores. É preciso que se diga logo que há consenso sobre o fato de que nenhum fator de risco sozinho é determinante, mas é pela sua agregação que constitui uma situação real de perigo para o desenvolvimento.

A identificação dos fatores de risco tem constituído, sem dúvida, um passo adiante na compreensão dos comportamentos violentos, mas é ainda importante definir como esses fatores interagem dentro de um modelo etiopatogênico unitário que não considera os fatores de risco como fatores causais do distúrbio. Esse modelo unitário deve considerar, ao lado dos fatores de risco, também os fatores ambientais protetores e a resiliência da criança, que faz com que certo número de crianças não desenvolva qualquer distúrbio, não obstante a exposição a fatores de risco também múltiplos. Os fatores de proteção não devem ser considerados unicamente como a ausência ou o oposto dos fatores de risco, mas como fatores autônomos em condição de balancear os efeitos nocivos dos fatores de risco. A resiliência (que na física descreve a propriedade dos materiais de resistir aos choques e de voltar à forma original) acaba naqueles fatores individuais, constitucionais e temperamentais, que tornam algumas crianças especialmente capazes de resistir aos fatores de risco e fazer frutificar ao máximo os fatores de proteção mesmo modestos, que de alguma forma não estão nunca totalmente ausentes na vida de qualquer indivíduo.

A identificação de um modelo patogênico que leva em consideração os fatores de risco, os fatores de proteção e da resiliência da criança é um momento essencial para o diagnóstico, o tratamento e a prevenção dos comportamentos violentos. Um estudo realizado em Cambridge sobre a evolução de 411 jovens, dos 8 anos até a idade adulta, colocou em evidência como crianças com baixo quociente intelectual verbal, provenientes de famílias com renda econômica baixa, com mais de quatro filhos, e com pais que manifestam atitudes incoerentes ou muito punitivas, têm uma probabilidade dez vezes mais elevada de desenvolver um distúrbio da conduta; mas esse mesmo estudo observou também que cada um desses fatores, tomado isoladamente, constitui um fator de risco muito menor, justamente porque o desenvolvimento da criança, nesses casos, pode se apoiar na presença de fatores de proteção, como, por exemplo, uma boa renda econômica ou um quociente intelectual elevado.

A maior parte da literatura focaliza o porquê da falha do desenvolvimento de uma criança exposta a fatores de risco, mas uma pergunta melhor é esta: por que não há falha no desenvolvimento de algumas dessas crianças expostas aos mesmos fatores de risco? Junto com os fatores de risco há sempre, também, fatores de proteção que servem de "almofada" contra os riscos. Às vezes essas almofadas levam a uma relativa invulnerabilidade, ou capacidade de se adaptar facilmente à desventura ou ao estresse crônico. Portanto, identificar os fatores de proteção pode ajudar a criar intervenções capazes de favorecer o desenvolvimento das capacidades de recuperação nos indivíduos mais vulneráveis aos fatores de risco. Um dos fatores de proteção mais certos é a presença de um bom suporte social, isto é, daquele conjunto de fatores que pode levar uma criança ou um jovem a acreditar que está protegido, é estimado, e que há pessoas às quais pode recorrer em caso de necessidade. Esse tipo de suporte constitui uma proteção indispensável para diminuir o impacto de fatores negativos.

Os fatores de risco compartilham algumas características comuns: devem estar presentes antes que o distúrbio se manifeste; tornam provável determinada evolução do distúrbio; constituem uma das possíveis causas, mas podem também não exercer qualquer papel causal; interagem sempre com outros fatores de risco, com a idade da criança, o sexo, a etnia e a cultura; são fortalecidos ou reduzidos com base na ausência ou na presença de fatores de proteção. Estes podem ser agrupados em algumas categorias principais. Antes de tudo, devem ser considerados os fatores de risco de natureza biológica e, entre estes, os ligados ao temperamento, aqueles ligados ao estilo cognitivo e outros dependentes do gênero. Esses fatores de risco estão em grande parte ligados a fatores de natureza genética e são parcialmente modificáveis, na sua expressividade, por fatores ambientais, segundo um modelo de causalidade inversa não linear, em que o comportamento desviante não é somente consequência de uma série de fatores, mas se torna, por sua vez, um reforço desses mesmos fatores (figura 2).

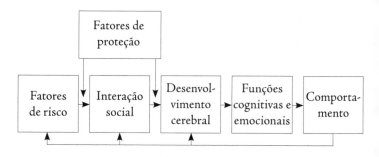

Figura 2. A relação de causalidade inversa é típica dos distúrbios do desenvolvimento.

O temperamento: crianças difíceis e crianças "endurecidas"

Toda criança possui uma modalidade específica para experimentar e expressar as emoções e para interagir com as pessoas que a atendem. Essa modalidade foi estudada no âmbito do conceito bastante recente de *temperamento*. Embora o temperamento seja de origem constitucional, é, de alguma forma, considerado como um produto da contínua interação entre as características endógenas da criança e o ambiente, segundo a lei da adaptação recíproca ideal, que é um eixo do desenvolvimento. A maior parte das crianças constitui as três grandes categorias temperamentais: crianças "fáceis", que tendem a ser adaptáveis, rítmicas, curiosas em relação às situações insólitas, bem-humoradas e com expressividade afetiva modulada; crianças "difíceis" pouco adaptáveis, com atitudes de isolamento e de negativismo, com reações afetivas pouco controláveis e emoções pouco reguladas; crianças "atônicas" lentas, pouco dispostas a explorar situações novas, com leve intensidade afetiva e tom do humor tendencialmente deprimido.

Os estudos sobre as características temperamentais demonstram como as criancinhas difíceis tendem a desenvolver posteriormente comportamentos agressivos.

Na primeira e na segunda infância, o temperamento difícil é caracterizado por irritabilidade, resistência irremovível às tentativas de controle, crises de raiva não motivadas ou excessivamente intensas em relação à causa. Na criança mais velha, esse mesmo temperamento difícil é caracterizado por provocação, vingança, brigas, tendência a provocar e a culpar os outros intencionalmente. Esses padrões temperamentais precoces representam um importante fator de risco para o desenvolvimento do distúrbio desafiador e de oposição que constitui, segundo alguns estudos longitudinais, um frequente precursor do distúrbio da conduta e, posteriormente, do distúrbio antissocial da personalidade. Outro aspecto do temperamento muito estudado é o da inibição comportamental ou timidez, típico das crianças com distúrbios da ansiedade, que nos interessa aqui porque pode constituir um fator de proteção contra os comportamentos violentos.

Junto com a descrição do temperamento difícil e da inibição comportamental, foram descritas outras dimensões temperamentais que podem ter um papel decisivo como fatores de risco para o desenvolvimento de um comportamento violento. Por exemplo, níveis baixos da dimensão temperamental que levam a evitar dano – própria de crianças audazes, extrovertidas, cheias de energia — podem representar um fator de risco; por outro lado, um alto nível dessa mesma dimensão de evitar dano — própria de crianças precavidas, apreensivas, tímidas e inibidas, é um fator tendencialmente de proteção.

Foi também identificada outra dimensão temperamental chamada "dependência da recompensa", cuja presença caracteriza crianças abertas, afetuosas e reconhecidas. As crianças com baixo índice nessa dimensão têm pouca empatia e pouca preocupação com os outros, preferem estar sozinhas, não se interessam pelas aprovações dos outros, têm emoções superficiais e pouco sentimento de culpa; nos casos extremos, são crianças que sentem prazer em intimidar, dominar e ferir os outros. Essas crianças, como já se disse, foram chamadas "endurecidas"; diversos estudos propõem a hipótese de uma íntima relação entre endurecimento temperamental e criminalidade.

Há, depois, duas dimensões temperamentais: a "busca de novidades" e a "busca de sensações". A busca de novidades, que descreve crianças exploradoras, impulsivas, pródigas e irritáveis, é característica de crianças com Transtorno do Déficit de Atenção e Hiperatividade (conhecido como TDAH, em inglês *Attention Deficit Hyperactivity Disorder*), enquanto um grau elevado de busca de sensações — que é considerado por alguns estudiosos o inverso de um baixo grau de evitação de dano — é colocado em relação com a propensão para comportamentos antissociais.

Finalmente, o temperamento é um modo de descrever as diferenças individuais no experimentar as emoções e no reagir ao ambiente. Os vários fatores descritos podem exercer uma função conjunta na constituição de um temperamento predisponente ao característico comportamento violento. O padrão predisponente característico é o constituído por outra busca de novidades, uma baixa evitação de dano e uma baixa dependência da recompensa. Esse padrão descreve crianças na busca contínua de experiências novas, mesmo perigosas, com pouca preocupação pelos danos que as próprias ações possam causar e pouca disponibilidade para modificar o próprio comportamento com base nas recompensas que possam ser obtidas. A presença desse padrão comportamental pode ser já evidente em idade precoce e constitui indubitavelmente um fator de risco maior para o desenvolvimento de comportamentos violentos.

As funções executivas

As crianças com distúrbio da conduta apresentam um déficit de grau variado no funcionamento cognitivo, que é responsável pelas dificuldades de aprendizagem e da fuga escolar ao qual frequentemente vão de encontro. As dificuldades cognitivas dessas crianças não são configuradas como um retardo mental, mas como déficit em algumas funções neuropsicológicas que exercem um papel importante não só na aprendizagem, mas também no controle dos impulsos. Foi sublinhada, especialmente, a correlação existente entre distúrbio da conduta e déficit nas funções executivas e nas funções cognitivas ligadas à linguagem verbal. As funções executivas, que são resumidas no correto funcionamento de algumas áreas cerebrais colocadas no lobo frontal e nas áreas pré-frontais, incluem as habilidades de planejamento das ações, de inibição dos circuitos não necessários em determinado momento para a realização da ação, de automonitoramento contínuo da ação que está sendo realizada e de uso eficiente da memória de trabalho necessária para levar a termo uma tarefa específica. Finalmente, as funções executivas permitem planejar e realizar uma ação particular, ter em mente determinados planos de ação até o momento certo em que devem ser colocados em ação segundo uma determinada sequência comportamental, inibir as ações irrelevantes para o objetivo principal e monitorar as próprias ações. Mesmo que os mecanismos que ligam os déficits nas funções executivas ao distúrbio da conduta (que leva o jovem a realizar ações violentas) ainda não sejam totalmente claros, é, no entanto, bem compreensível que as dificuldades executivas possam comportar uma série de acontecimentos que têm um papel importante na geração do comportamento violento. Antes de tudo, há uma pobreza de estratégias na resolução de problemas e uma tendência a encontrar soluções rápidas e pouco meditadas, entre as quais se incluem, por exemplo, as soluções de tipo impulsivo-agressivo; além disso, pode-se criar um déficit na codificação dos estímulos sociais, com defeituosa atenção a alguns estímulos e hipervigilância sobre outros; enfim, pode haver uma tendência compensatória para atribuir aos outros intenções hostis, mesmo com base num erro ou na interpretação apressada dos estados afetivos dos outros.

Déficits nas funções executivas estão presentes também nas crianças com déficit na atenção e hiperatividade, mas o que as torna diferentes é que elas têm déficits limitados à atenção, sem que estes levem — como acontece às crianças com déficit no comportamento — a atribuir aos outros intenções hostis e a encontrar soluções rápidas e pouco meditadas de tipo agressivo. São estas últimas dificuldades que tendem a colocar essas crianças diante da rejeição dos seus companheiros e, portanto, a fazer com que se unam e criem alianças com crianças que compartilhem as mesmas características de funcionamento cognitivo. Por outro lado, o déficit nas funções executivas assume também um papel de importante fator de risco social, quando a escola ou outros ambientes sociais de agregação juvenil não conseguem impedir essas associações de crianças que compartilham o mesmo problema cognitivo. Veremos como a criação de grupos sociais, esportivos ou recreativos capazes de ter no seu interior esses jovens representa um dos auxílios mais eficazes no cuidado e na prevenção dos comportamentos violentos.

Por que os homens são mais violentos?

Na nossa sociedade, ser homem representa sem dúvida um fator de risco para o desenvolvimento de comportamentos violentos. Há, de fato, uma clara prevalência desses distúrbios do comportamento em pessoas do sexo masculino. Já a partir dos quatro anos as crianças do sexo masculino têm muito mais probabilidade de serem protagonistas de atos antissociais com ou sem agressividade expressa. A ligação entre gênero e distúrbio da conduta ainda não está clara. Acredita-se, no entanto, que possa estar ligado à presença, na menina, de fatores de proteção como: maior competência comunicativa, mais alto nível de empatia, maior facilidade em sentir culpa pelas próprias ações. As competências comunicativas se desenvolvem efetivamente com certa antecipação nas mulheres e as levam a ter maior facilidade na socialização das emoções. O defeito de empatia e a pouca tendência em sentir culpa pelas próprias ações poderiam, ao contrário, estar ligados ao endurecimento, que é mais frequentemente observável nos homens. Mas as diferenças de gênero poderiam também estar ligadas às diversas atitudes dos pais, os quais, como já se afirmou nas páginas anteriores, toleram habitualmente mais facilmente um problema comportamental nos homens que nas mulheres, e, portanto, exercem sobre eles menor controle e estabelecem menos limites em relação aos comportamentos agressivos. Isso deixaria as crianças mais dependentes das próprias capacidades internas de autocontrole, sem poderem confiar em fortes condicionamentos educativos.

Fatores de natureza social e familiar

Entre os fatores de risco, estão considerados os fatores de natureza social. Entre estes, as condições socioeconômicas desfavoráveis, expressas por pobreza, superpopulação domiciliar, elevado uso dos serviços sociais e desocupação constituem um fator seguro de risco. Provavelmente a ação de todos esses fatores sociais é mediada por outros fatores, como o viver em ambientes de risco social, a mais fácil frequência de grupos dissociais e a menor disponibilidade de atenção por parte dos pais. A maior facilidade para o contato com os colegas desviados e com grupos antissociais, combinada com a rejeição sofrida pelos colegas pró-sociais, constitui um fator de risco considerado maior para o desenvolvimento de comportamentos criminosos. Tal associação representa um fator essencial no aumento progressivo do distúrbio da conduta que, segundo um estudo com jovens realizado em Pittsburgh, segue três etapas: em primeiro lugar, há a presença de conflitos com a autoridade; depois, aparecem os primeiros atos criminosos sem agressividade, como por exemplo os furtos; finalmente, surgem os comportamentos agressivos cada vez mais manifestos e violentos.

Entre os fatores familiares, é frequente a presença de pais com distúrbio antissocial de personalidade, depressão, retardo mental leve, alcoolismo e abuso de drogas. Pode-se pensar que esses fatores agem não só pela transmissão genética de um temperamento predisponente, como também mediante atitudes inadequadas dos pais que reforçam o circuito bidirecional descrito no início deste capítulo.

Um estudo finlandês (figura 3) demonstrou que também ser filho único representa um fator de risco para comportamentos violentos na idade adulta e que esse fator de risco quadruplica o próprio poder quando o fato de ser filho único se associa à ausência do pai.

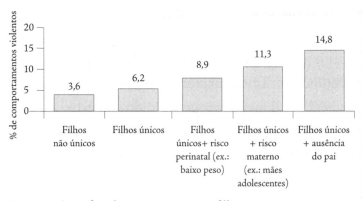

Figura 3. O gráfico demonstra como ser filho único aumenta o risco de comportamentos violentos na idade juvenil. O risco quadruplica se houver também ausência do pai.

O papel dos pais

Os fatores ligados ao papel dos pais, definido como paternidade ou *parenting*, são também importantes e amplamente estudados. Um estudo que colocou em confronto o papel desses fatores com aqueles ligados ao temperamento da criança demonstrou como o tipo de *parenting* não está diretamente correlacionado à presença de comportamentos violentos quando há um temperamento endurecido, que, como observamos, já de *per se* constitui um fator de risco muito importante. O mesmo estudo demonstrou, porém, como o tipo de *parenting* está, ao contrário, muito relacionado com a presença de comportamentos violentos quando esse tipo de temperamento de base está ausente.

Foram descritos vários fatores de risco ligados ao *parenting*. Relatou-se, antes de tudo, que as atitudes punitivas corporais até o abuso físico por parte dos pais são significativamente relacionados com os comportamentos violentos apresentados nos filhos. Na mesma linha, foi observada a importância das atitudes coercitivas como expressão da incapacidade paterna para controlar a desobediência normal da criança, que comporta um reforço recíproco da agressividade na interação entre pais e filho, fornecendo um modelo negativo de identificação para a criança. Estudos mais recentes demonstraram que, nessas situações, há nos pais uma tendência em interpretar mal o comportamento do filho, em ver o seu comportamento como deliberadamente voltado contra eles. Esse tipo de *parenting*, caracterizado por um defeito na capacidade de se representar o estado mental do filho, não permite à criança desenvolver, por sua vez, a própria capacidade de ler os estados mentais dos outros, que está na base dos comportamentos violentos. Por outro lado, uma supervisão atenta e compreensiva por parte dos pais tem o significado de fator de proteção, enquanto favorece na criança a atitude de ler os estados mentais dos outros e entrar em empatia, atitudes que limitam enormemente a tendência a praticar ações prejudiciais para si ou para os outros.

No que diz respeito aos comportamentos delinquentes, observou-se como importante fator de risco uma atitude educativa não propriamente violenta ou dura como a que foi até aqui descrita, mas de tipo incoerente, emotivamente pouco calorosa ou muito desvalorizadora. Pode acontecer que esses pais não considerem o comportamento agressivo do filho como algo que deva ser desencorajado; talvez considerem também apropriados, no final das contas, comportamentos como incomodar outras crianças no período da escola maternal, praticar o *bullying* na época da escola elementar, ou "furtar" na adolescência. Esse laxismo educativo parece constituir um fator de risco específico para os comportamentos delinquentes como preâmbulo da adolescência.

Entre os fatores de risco ligados ao *parenting*, foi por várias vezes sublinhado o pouco envolvimento do pai na educação do filho, as interações pobres entre filho e pai ou a sua total ausência. O problema do papel da autoridade como limite necessário para o desenvolvimento da criança e o defeito de desempenho desse papel no aparecimento dos comportamentos agressivos da criança foram às vezes enfrentados unicamente do ponto de vista do seu possível papel traumático. Com base no fato de que uma autoridade excessiva pode ser potencialmente nociva, acabou-se na ideologia contrária, segundo a qual a ausência de toda forma de autoridade foi considerada mais favorável ao desenvolvimento. Durante toda a última parte do século passado, a maioria dos especialistas preferiu denunciar os erros da autoridade, fazendo os pais sentirem-se culpados e introduzindo neles a dúvida de causar prejuízos psicológicos ao próprio filho toda vez em que deviam exercer a autoridade. O episódio a seguir, tirado da história da psicanálise, pode ser um bom exemplo de como a falta de punições deixa a criança prisioneira da própria impulsividade e do próprio temperamento, sem lhe permitir usufruir adequadamente daquela justa dose de frustrações que exerce o papel de limite necessário para um sadio desenvolvimento psicológico.

No dia 9 de setembro de 1924, a psicanalista Hermine Hug-Hellmuth foi encontrada morta. O fato escandalizou o mundo da nascente psicanálise, pois fora seu sobrinho Rolf, de apenas 18 anos, quem a havia estrangulado. Filho ilegítimo da irmã, aos 9 anos Rolf perdeu a mãe; desde então, a tia Hermine tomou conta dele, uma vez que já havia exercido a função materna substitutiva. Em vários escritos, Hug-Hellmuth descreve com precisão vários problemas do sobrinho, bem como as explicações que lhe dava. A predisposição dele para o furto e sua crueldade convenceram a tia a confiá-lo a uma casa de correção; mas, numa tarde, o jovem decidiu fugir, para voltar a roubar na casa da tia. Foi descoberto justamente por ela; como reação, ele apertou com força a sua boca e o seu pescoço, até matá-la. No processo, Rolf não sentia qualquer remorso e afirmava com convicção que, durante a infância difícil, "nunca quisera as explicações da tia, mas uma bebida teria caído bem".

Afeição desorganizada e maus-tratos

Entre os fatores de risco, são considerados aqueles ligados ao tipo de afeição que se estabelece entre criança e pais nos primeiros anos de vida e que servem de modelo para as relações sociais posteriores. A partir da descrição de uma afeição segura, que é a da criança capaz de se separar da mãe sem angústia excessiva e ficar sozinha, porque pode usufruir de uma boa mãe sensível às suas mensagens, os teóricos da afeição identificaram outros estilos de afeição que podem representar fatores de risco para distúrbios psicopatológicos.

No caso de jovens violentos, alguns estudos destacaram ser frequente a associação com uma afeição de tipo inseguro, enquanto em ambas as situações houvesse prevalência de hostilidade e dificuldade para administrar a raiva. Mas, sobretudo, foram colocadas em evidência relações sólidas com uma *afeição desorganizada*, caracterizada pela ausência de um tipo de afeição coerente, por flutuações rápidas entre situações de segurança e situações de grande insegurança e instabilidade, por reações de medo em relação à pessoa que cuida da criança, por comportamento esquivo e hostil, por dificuldade no controle dos afetos, por reduzidas competências cognitivas e sociais, todos aspectos que são típicos também em jovens com comportamentos violentos. Em relação às crianças seguras, as crianças desorganizadas têm pais que estão ainda em luta com os próprios problemas não resolvidos, que dizem respeito à perda dos pais ou uma experiência traumática da infância. O que caracteriza o discurso desses pais é a presença de incoerências e de elementos confusos e não resolvidos.

Nesse tipo de afeição dos pais, é possível lembrar as dificuldades de *parenting* caracterizadas pela dificuldade de compreender o estado emotivo do filho. A dificuldade de reflexão na criança encontra, portanto, a sua origem em dificuldades paralelas de reflexão dos pais, causadas por experiências traumáticas não resolvidas que interferem com as suas relações de cuidado. Seria, portanto, por meio de um tipo de afeição desorganizado que o comportamento violento do jovem se conecta com as problemáticas paternas. Às vezes essas problemáticas são tão graves, que configuram verdadeiras e próprias situações de maus-tratos e abuso, as quais representam o fator de risco mais grave para o desenvolvimento de comportamentos violentos na criança. Sabe-se que uma criança que sofreu violência tem elevadas possibilidades de se tornar, por sua vez, violenta. A presença de abuso, especialmente, deve sempre ser aventada quando nos encontramos diante de uma configuração clínica, semelhante à da síndrome pós-traumática por estresse, na qual há uma amnésia total do gesto violento sofrido.

Finalmente, por que alguém se torna violento? A pergunta não tem evidentemente uma única resposta. Às vezes a violência remete a déficits maiores da organização psicológica da criança; em casos opostos, refere-se a comportamentos aprendidos por meio de repetidas experiências de violência em ambientes socialmente degradados. No meio é possível encontrar as mais variadas situações caracterizadas por uma conjuntura infeliz entre presença de fatores de risco, pobreza de fatores de proteção e força insuficiente na criança para enfrentar as adversidades da vida. A complexidade desses fatores torna sempre difícil a resposta à pergunta central deste capítulo e aponta a necessidade de não se darem respostas apressadas cujo único escopo é autotranquilizar-se em relação a um problema que, de alguma forma, envolve toda a sociedade e que tem as suas bases na organização da personalidade de cada jovem, isto é, aquela que se constrói ao longo de toda a idade evolutiva, a partir de épocas muito precoces, e sobre a qual exercem influência decisiva as primeiras relações de afeição com as figuras paternas.

Capítulo V

Os jovens violentos foram crianças violentas?

Os antecedentes da violência

Os jovens, por volta dos 20 anos, são responsáveis por mais da metade dos crimes violentos. As estatísticas demonstram que aproximadamente a metade desses jovens já era ativa desde 12-13 anos. Chegou-se à seguinte conclusão: se é verdade que a prevalência dos atos criminosos tem um ápice entre os 17 e os 18 anos, os delinquentes mais graves iniciaram a sua carreira muito antes dessa idade. A adolescência parece somente a fase em que mudam os meios (força física, competências cognitivas), as oportunidades (maior liberdade, menor controle dos adultos, maior acesso aos lugares frequentados por adultos) e as motivações (pressão econômica, relações sexuais) da violência. Esse conjunto de elementos pode explicar por que o problema da violência parece surgir de forma inesperada na adolescência. Na realidade, um estudo longitudinal de mil jovens, acompanhados dos 3 aos 26 anos, evidenciou que os adolescentes responsáveis por atos violentos graves e recidivos já estão marcados por distúrbios psicopatológicos antes de entrar na adolescência, e de modo significativamente maior em relação aos adolescentes que cometem apenas pequenas infrações. Esse estudo demonstra dois fatos: antes de tudo, que um simples ato agressivo ou criminoso não é de *per se* sintoma de nada, mas precisa ser explorado nas suas raízes infantis com o objetivo de se poder avaliar a sua tendência a permanecer ao longo da vida; em segundo lugar, que há uma grande continuidade dos distúrbios mais graves das idades mais precoces para as posteriores.

Continuidade e descontinuidade

O problema da continuidade e da descontinuidade dos distúrbios psicopatológicos no decorrer das diversas fases da vida é um problema aberto da psicopatologia infantil. Pergunta-se se um distúrbio pode efetivamente aparecer do nada, isto é, sem que haja na história do paciente sinais de longa data que, mesmo sem chegar ao limiar crítico, poderiam ser identificados, ou então se a expressividade clínica pode efetivamente mudar no tempo, ou, ainda, se não é somente questão de sintomas que mudam, em relação, porém, a uma raiz comum que permanece sempre a mesma e que caracteriza determinada criança, adolescente ou adulto ao longo da vida.

Como observamos, a psicopatologia infantil pode ser esquematicamente agrupada em duas grandes áreas: a dos sintomas internalizados e a dos sintomas externalizados. O que ainda não está claro é o *timing** do aparecimento dos sintomas internalizados e externalizados e de que modo se relacionam entre si no processo de desenvolvimento. Essa relação entre sintomas internalizados e externalizados é, por outro lado, central não só para o clínico compreender a psicopatologia do desenvolvimento, mas também para poder encaminhar adequadamente os tratamentos e responder às perguntas dos pais sobre o futuro dos seus filhos. Uma criança que tem comportamentos agressivos ou desviados está destinada por toda a vida a suportar as consequências desses comportamentos? É possível que todas as crianças possam aos poucos sentir mais a culpa e inibir a própria impulsividade de modo a terem comportamentos socialmente toleráveis? Poder chegar a responder a

---

* Tempo certo para algo acontecer. Em inglês no original (N.R.)

essas perguntas é essencial, e os estudos longitudinais são o melhor modo para dar respostas esperadas. Mas os estudos longitudinais são também os mais difíceis de serem realizados; por esse motivo, as certezas ainda são poucas. No entanto, é uma leitura muito ampla que parece fazer a agulha da balança pender para a hipótese de continuidade na psicopatologia do desenvolvimento. Segundo essa hipótese, quem desenvolve um determinado distúrbio psicopatológico dificilmente está ileso de uma psicopatologia que antecede o início do distúrbio, que, à primeira vista, parece, ao contrário, representar um elemento de descontinuidade na história do jovem.

Os elementos psicopatológicos, que vão caracterizar a sintomatologia anterior ao início evidente dos distúrbios, vão de várias maneiras compor aquela que é definida como personalidade pré-morbígena. Um estudo retrospectivo, que pediu às mães de um grupo de jovens para descreverem seus filhos antes do início de um distúrbio da conduta surgido durante a fase da adolescência, demonstrou que efetivamente se tratava sempre de jovens que, já na infância, tinham apresentado uma notável quantidade de problemas comportamentais que os tornavam, já naquele tempo e bem antes do início oficial do distúrbio, diferentes dos seus colegas, embora não a ponto de obrigar os pais a levá-los ao médico. Esse estudo trouxe à luz, especialmente, como os problemas internalizados e os externalizados estão muitas vezes copresentes na personalidade pré-morbígena desses jovens, e que somente na adolescência se realiza a nítida prevalência dos sintomas externalizados.

Segundo esse estudo, o distúrbio da conduta que surge de modo aberto na adolescência já está presente, realmente, nas fases anteriores, mas com sintomas mais atenuados, tanto internalizados como externalizados. Essa pesquisa, portanto, parece sustentar a ideia de que os adolescentes violentos têm uma longa história de sintomas às suas costas. Talvez se trate de uma continuidade chamada de heterotípica, caracterizada por uma precoce presença de distúrbios internalizados substituídos posteriormente por distúrbios externalizados, até darem lugar, na adolescência, a comportamentos agressivos e violentos. Isso tem importância notável, pois é possível crer que a identificação e a cura desses distúrbios precoces poderiam limitar a sua posterior evolução em comportamentos violentos.

Jogos violentos

Um estudo realizado na Inglaterra, intitulado *I got some swords and you're dead* (Pego uma espada e o mato), indagou o conteúdo dos jogos de ficção para crianças de

4 anos com distúrbios precoces do comportamento, isto é, aquelas crianças habitualmente descritas pelos pais como extremamente difíceis de educar e que são consideradas em grande risco de desenvolver um distúrbio da conduta antes da fase adulta e um distúrbio de personalidade antissocial posteriormente.

O jogo de ficção é um grande recurso da fase infantil: por meio dele as crianças podem escolher para si uma identidade qualquer ou papel social: podem ser a mãe, o pai ou o bebê; podem ser Chapeuzinho Vermelho ou o Lobo Mau; podem preparar uma refeição suculenta ou voar para a lua; podem brincar de guerra, ferir, matar. O jogo de ficção é essencial para o desenvolvimento da capacidade de compreender a mente e as emoções dos outros, para o desenvolvimento da linguagem e para a aquisição de um teste adequado de realidade.

Há um quesito ao qual os pesquisadores ingleses procuraram responder: se os temas dos jogos de ficção das crianças difíceis são diferentes daqueles das crianças normais enquanto conteúdos agressivos e violentos. Para responder a isso, foram gravadas em vídeo sessões de jogo livre de pares de crianças. Os temas dos jogos de ficção que surgiram foram catalogados em algumas categorias:

1. jogos de tipo doméstico, que incluíam jogos de ficção como passear no *shopping*, alimentar, cozinhar, limpar, levar o filho para a cama, ir ao médico ou à escola;

2. jogos com monstros, que incluíam jogos de ficção nos quais apareciam dinossauros, aranhas ou personagens monstruosos da televisão;

3. jogos violentos, que incluíam lutas com espadas, prisões, interrogatórios policiais, mortes, batalhas;

4. jogos de tipo mágico ou fabuloso, que incluíam jogos com personagens com poderes especiais, fadas (por exemplo, fazer de conta que é a Gata Borralheira ou outros personagens de contos infantis);

5. jogos com fundo sexual, que incluíam também simular se casar ou ter relações sexuais.

Essa pesquisa nos demonstra que, embora os jogos violentos estejam presentes tanto nas crianças com desenvolvimento normal como nas difíceis, estas últimas apresentam uma preferência três vezes maior pelos temas de violência. Ao contrário, as crianças com desenvolvimento normal apresentam temas de jogos que entram na área mágica seis vezes mais em relação às crianças difíceis. Isto é, as crianças com desenvolvimento normal se entretêm, muito mais que as crianças difíceis, em histórias com personagens como Gata Borralheira, Capitão Gancho e Peter Pan ou com reis, rainhas ou com fadas que transformam os personagens em animais.

Quando se observam as diferenças por sexo, é muito superior a diferença existente entre a proporção de tempo passado no jogo de ficção de tipo violento por parte de crianças difíceis em relação a crianças com desenvolvimento normal; essa diferença é muito marcante sobretudo nas meninas, pois aqueles com desenvolvimento normal muito raramente propõem esse tipo de jogo. Mas, além da quantidade global dos jogos de ficção do tipo violento, as crianças difíceis se distinguem também pelo tipo de violência praticada no jogo de ficção. De fato, as crianças difíceis apresentam, com muito maior frequência, preferência por jogos violentos como matar ou infligir dor ao outro, lutar ou prender, ou também jogos nos quais monstros, dinossauros ou feras atacam e ferem a outra criança.

É também interessante notar que as crianças com desenvolvimento normal, diante desse tipo de jogo, habitualmente rejeitam a parte de personagem ativo que lhe é pedida pela criança difícil. Por exemplo, numa situação em que uma criança, brandindo uma espada, diz à outra "Mate-me, vamos, mate-me", a outra criança reage gritando "Não", deixando cair por terra a própria arma.

As crianças foram revistas, depois, na idade de 6 anos, quando foi feita uma avaliação da sua sensibilidade moral diante de histórias imaginárias que lhes foram narradas. Nelas são realizadas cenas de tipo transgressivo, nas quais, por exemplo, um personagem quebra um vaso e ameaça bater no companheiro se este se recusar a recolher os cacos, ou do tipo pró-social, nos quais, por exemplo, um personagem empresta sua bicicleta ao outro, ficando ele mesmo sem o objeto. Em relação a essas cenas, a criança devia atribuir aos personagens — que na representação estavam sem expressão mímica — os estados emotivos que elas acreditavam existir naquelas situações. As crianças que haviam apresentado uma elevada proporção de conteúdos violentos no seu jogo de ficção aos 4 anos de idade, dois anos depois, aos 6 anos, apresentavam-se muito menos capazes, em relação aos seus colegas, de atribuir aos personagens emoções e sentimentos de modo empático. Fizeram-no, ao contrário, de modo hedonista, egoísta, ou fazendo referência somente a punições provenientes do exterior, por conta de personagens ausentes na história imaginária.

A quantidade de violência presente no jogo de ficção é, segundo essa pesquisa, o índice de previsão da dificuldade de empatia em relação a situações de sofrimento alheio, dificuldade que constitui um dos aspectos mais importantes do comportamento violento em qualquer idade. De fato, já observamos muitas vezes como a perda de empatia em relação ao sofrimento alheio é um fator essencial para que o comportamento violento possa ser realizado. Essa mesma pesquisa também colocou em evidência que, entre as categorias de jogos violentos, os jogos mais relacionados com o defeito de empatia moral presente nas crianças difíceis são aqueles que comportam um ataque contra o outro ou provocam dor no outro, mais que jogos que comportem uma violência mais convencional, como as situações em que aparecem médicos e pacientes, ou polícia e ladrão. Esse parece ser um elemento posterior em favor de algo muito precoce que identifica essas crianças como incapazes de levar a um nível simbólico (ou de sublimar) as instâncias violentas presentes na natureza de cada indivíduo.

E depois?

Segundo várias estatísticas, a incidência dos distúrbios que englobam comportamentos violentos vai se reduzindo a partir dos 25-26 anos de idade. Isto é, parece que há uma fase crítica que vai dos 15 aos 25 anos, no decorrer da qual o indivíduo está mais exposto a agir mediante comportamentos violentos. Shakespeare escreve em *Conto de inverno*:

> Queria que não houvesse idade do meio entre os 10 e os 23 anos, ou que a juventude dormisse todo esse intervalo, pois não há nada neste tempo senão engravidar moças, maltratar os idosos, roubar e dar pauladas.

Nesse trecho do livro, é possível afirmar que uma série de fatores de risco e de proteção, em parte constitucionais, genéticos, intrínsecos à criança, vão determinar uma situação definível como vulnerabilidade diante das transformações da adolescência. A puberdade, como período de passagem evidente tanto do ponto de vista somático como psicológico e social, representa uma situação de estresse prolongado em relação ao qual as condições de estabilidade, de segurança e de força (ou, ao contrário, de fragilidade e de fraqueza) com que a criança chega a esse ponto são essenciais para que essa passagem aconteça de modo positivo. Trata-se de um longo período de ajustes, ao longo do qual é possível que a vulnerabilidade precoce entre em colisão com os desafios da adolescência, dando lugar ao aparecimento de comportamentos violentos e à fase da vida descrita de modo tão pessimista por Shakespeare.

O fato de que, a partir dos 25-26 anos, a incidência dos comportamentos violentos vai se reduzindo faz pensar que, terminada a tempestade da puberdade e da adolescência, também aquela vulnerabilidade precoce se ajuste em níveis de menor intensidade e que diminua a propensão a escolher um comportamento violento como única saída para resolver os problemas.

Um bom exemplo de como a partir de uma determinada idade é mais fácil para qualquer um não ser violento é o do escritor Edward Bunker, que em dois livros — *O menino* e *Nem os mais ferozes* — romanceou a própria biografia, de pessoa violenta que entrou pela primeira vez na penitenciária de San Quentin aos 17 anos. Little Boy Blue — filho de divorciados, cuja mãe era totalmente ausente e cujo pai era um alcoólatra muito pobre para criá-lo — é um menino de 11 anos , de quem "uma parte de si fugia ao controle quando estava para enfrentar a autoridade, e era sujeito a violentas explosões de raiva diante da mínima provocação". Um "jovem triste e faminto de amor que dava socos em todo mundo", cuja concatenação implacável dos acontecimentos que o transformam em um criminoso é possível acompanhar com incredulidade nos dois livros. Pois bem, também para um criminoso calejado como Edward Bunker, a partir de determinado momento, foi possível sair do circuito da violência e se encaminhar para um processo de cura por meio da escrita. Seguindo o nosso discurso, podemos pensar que isso foi possível realizar, além de uma série de coincidências positivas da vida, também graças a uma redução espontânea da força dos mecanismos geradores do comportamento violento no fim da adolescência.

CAPÍTULO VI

AGRESSIVIDADE E DISTÚRBIOS PSICOPATOLÓGICOS

Existe uma agressividade normal?

A literatura psicanalítica se deteve por muito tempo nos estudos sobre a distinção entre agressividade normal e patológica: a primeira é uma agressividade de adaptação, benigna, de natureza defensiva, necessária para o desenvolvimento do Eu e dos processos de identificação e de separação; é funcional para o desenvolvimento e permite que cada um de nós se torne um ser autônomo e independente. A segunda é uma agressividade destruidora, de inadaptação ou não adaptativa, muitas vezes secundária em condições ambientais desfavoráveis e frustrantes; uma agressividade que, diversamente da primeira, é prerrogativa do ser humano e não existe no mundo animal. A esse segundo tipo de agressividade costuma-se atribuir a definição de violência: tem uma natureza fundamentalmente diversa da primeira e tem o objetivo de provocar dano físico ao outro. A violência é também determinada por processos regressivos de grupo, cuja máxima expressão é o terrorismo, no qual, ao contrário do que acontece nos distúrbios psicopatológicos, a agressividade é racional e ideologicamente dirigida, e separada por completo das dinâmicas emocionais. Raramente as pessoas nas quais violência, raciocínio e frieza emotiva se traduzem em comportamentos terroristas chegam aos profissionais da psique.

O mecanismo terrorista deve, no entanto, ser considerado como possível também na adolescência. É o tema do filme *Elefante*, já citado, no qual o diretor acredita que um gesto extremamente violento pode ser cometido com absoluta frieza por pessoas normais. Neste capítulo será abordado superficialmente esse tipo de comportamento violento, e nos ocuparemos, ao contrário, da ligação que diversos distúrbios psicopatológicos podem estabelecer com os comportamentos violentos.

O comportamento violento não identifica nunca de *per se* um distúrbio psicopatológico específico. Este pode surgir com um distúrbio que, no entanto, colorirá o comportamento agressivo de modo específico. Em termos gerais, o comportamento agressivo surge no ponto em que cede a barreira que impede conduzir diretamente os impulsos, entre os quais tem especial relevância a raiva. A ligação da agressividade com fenômenos psíquicos como a frustração e a raiva não deve naturalmente deixar em segundo plano a importância do ambiente social no reforço ao comportamento agressivo. Crianças educadas segundo modelos agressivos privilegiarão respostas agressivas à frustração, mais que reações inibitórias ou sublimatórias.

Deve-se também observar que existe uma diferença fundamental entre atos agressivos ou antissociais simples e isolados e comportamentos criminosos continuados. Quando os atos violentos se tornam sistemáticos e graves, e quando o adolescente não responde às providências adotadas para ele, deve-se começar a pensar que, na base do problema, existe um distúrbio psicopatológico e levar em consideração uma terapia psiquiátrica antes da simplesmente educativa.

O distúrbio da conduta

A expressão "distúrbio da conduta" foi introduzida como categoria clínica autônoma em psiquiatria infantil para definir justamente aquelas crianças ou jovens, mais frequentemente do sexo masculino, que têm de modo constante, como característica peculiar do seu comportamento, atitudes de tipo desafiador e de oposição, comportamentos agressivos para com pessoas, animais ou coisas e comportamentos antissociais como furtos, vandalismo, fugas. O diagnóstico de distúrbio da conduta é feito somente quando esses comportamentos têm características de quantidade, intensidade e frequência especialmente relevantes, e quando, de alguma forma, são tais que provocam uma significativa piora do funcionamento global do jovem, tanto no âmbito escolar como no familiar. Esses comportamentos tendem a se manter estáveis no tempo e frequentemente evoluem ao longo da fase jovem-adulta para um distúrbio antissocial de personalidade.

Um conjunto de pesquisadores americanos acompanhou um grande grupo de adolescentes com distúrbio da conduta até completarem 30 anos e evidenciou que, em 75% dos casos, esses jovens se tornavam delinquentes comuns, tinham comportamentos antissociais ou abusavam de drogas; 15% apresentaram uma patologia psiquiátrica maior (esquizofrenia ou depressão profunda); e somente 10% podiam se considerar isentos de distúrbios psiquiátricos. Esses dados se verificam também na amostra feminina, contrapondo-se, portanto, à ideia de que, nas meninas, o distúrbio da conduta é mais benigno. Mesmo nos casos em que havia sido aplicada alguma forma de tratamento, as evoluções positivas não ultrapassaram nunca 70% dos casos. Viu-se também que a estabilidade do distúrbio no tempo está em íntima relação com a gravidade dos sintomas e com o seu aparecimento antes dos 10 anos. Se o comportamento violento surge antes dos 6 anos, a possibilidade de desenvolver um distúrbio da conduta na adolescência e, depois, um distúrbio de personalidade antissocial (DPA) — com os quais são identificadas as pessoas com tendências antissociais ou criminais na fase adulta —, é muito mais elevada em relação às situações em que o distúrbio surge na fase da adolescência. Em razão dessa estabilidade no tempo e da íntima relação com a antissociabilidade adulta, o distúrbio da conduta está situado atualmente entre as patologias colocadas em primeiro plano nos projetos de pesquisa e de prevenção da psiquiatria infantil. Apesar disso, não existem, atualmente, modalidades terapêuticas consideradas específicas e eficazes para essa patologia, cujos custos sociais são muito elevados.

A identificação clínica do distúrbio da conduta permitiu fazer estimativas epidemiológicas. A taxa de risco existente na população geral de sujeitos de idade compreendida entre 4 e 18 anos está entre 5 e 7% e aumenta na adolescência, atingindo de 7 a 10% entre os 12 e os 16 anos. Um estudo epidemiológico europeu, realizado na Holanda, em 1999, com uma população de crianças de 11 anos, demonstra uma incidência dos distúrbios externalizados igual a 7-8%. Na Itália, é provável que aproximadamente a metade desses sujeitos de risco desenvolva comportamentos violentos, mas os únicos dados aos quais é possível fazer referência vêm do número de denúncias e de ações penais relacionado com os menores de idade.

Trata-se de dados que indicam uma situação italiana numa tendência inversa em relação tanto aos Estados Unidos como a outras nações europeias, pois, na Itália, verificou-se uma redução global do número de denúncias contra menores de idade. Mas esses dados, que vêm das instituições judiciárias, não cobrem evidentemente todo o leque clínico dos distúrbios da conduta.

Classificar

A expressão "distúrbio da conduta" apareceu, pela primeira vez, para indicar uma categoria diagnóstica específica, no *Manual de diagnóstico e estatística das perturbações mentais*, 3ª edição (DSM-III), de 1980, para descrever uma modalidade persistente de comportamento na qual os direitos fundamentais dos outros e as principais normas ou regras sociais, próprias para a idade, são violados. O DSM-III estabeleceu uma distinção em duas formas: o tipo hipossocializado e o tipo socializado, com base na capacidade ou incapacidade para ter amizades no grupo de colegas, para se empenhar pelos outros não somente para conseguir vantagens, no manifestar sentir culpa, no delatar ou difamar os colegas, no dar importância ao bem-estar dos companheiros. Essas duas formas, por sua vez, são diferenciadas em formas com agressividade, caracterizadas por violência física contra pessoas ou coisas, vandalismo, arrombamentos, estupros, furtos fora de casa que implicam o confronto com a vítima, como assaltos ou rapinas, e formas sem agressividade caracterizadas pela violação de regras, por cabular aulas, por fugas de casa, mentiras, furtos sem confronto com a vítima.

Essa distinção não foi confirmada pela última redação do DSM-IV. Nessa última versão do DSM, o distúrbio da conduta é colocado em uma categoria mais ampla de distúrbios denominados "distúrbios por comportamento explosivo", junto com os transtornos por déficit de atenção e hiperatividade e do transtorno desafiador e de oposição. Os sintomas com base nos quais se deve fazer o diagnóstico de distúrbio da conduta são divididos em quatro grupos: agressividade nas relações com pessoas e animais; destruição de propriedade; trapaça e furto; violação grave de regras. O DSM-IV aboliu qualquer outra diferenciação do distúrbio, com exceção daquela existente entre a forma com surgimento na infância, antes dos 10 anos, e a forma com surgimento na adolescência, na qual não está presente qualquer sintoma antes dos 10 anos. A importância de tal diferenciação é baseada na pior prognose das formas de surgimento na infância em relação àquelas com surgimento na adolescência.

O sistema diagnóstico europeu para as doenças mentais, ou CID-10, segue uma linha semelhante no que diz respeito à caracterização sintomatológica do distúrbio da conduta, mas adota uma direção diferente em relação à sua colocação nosográfica. No que diz respeito à caracterização sintomatológica, é proposto um elenco de 23 sintomas (tabela 2) muito semelhante àqueles presentes no DSM-IV, cuja presença permite fazer o diagnóstico. Do ponto de vista nosográfico, o CID-10 conserva, porém, para o distúrbio da conduta, um código autônomo diferente daquele presente no TDAH e considera o distúrbio desafiador e de oposição uma forma leve do distúrbio da conduta. O CID-10 conserva também transtorno entre distúrbio da conduta restrito ao contexto familiar, distúrbio da conduta não socializado e distúrbio da conduta do tipo socializado.

Tabela 2. Critérios diagnósticos do distúrbio da conduta segundo o CID-10

1. Apresenta acessos de ira insolitamente frequentes ou marcados pelo seu nível de desenvolvimento
2. Discute frequentemente com os adultos
3. Manifesta frequentemente desobediência aos pedidos e às ordens dos adultos
4. Frequentemente pratica ações, aparentemente deliberadas, que irritam os outros
5. Atribui frequentemente aos outros os próprios erros e comportamentos errados
6. Apresenta susceptibilidade e fácil irritabilidade
7. Expressa frequentemente ressentimento e ira
8. É frequentemente rancoroso e vingativo
9. Mente ou não mantém as promessas com o objetivo de conseguir coisas ou favores ou de evitar obrigações
10. Frequentemente provoca brigas
11. Usa armas que podem causar sérios danos físicos aos outros
12. Fica muitas vezes fora de casa depois do anoitecer, apesar da proibição dos pais (antes dos 13 anos)
13. Manifesta crueldade física para com outras pessoas (prendendo-as, ferindo-as etc.)
14. Apresenta crueldade física para com os animais
15. Destrói voluntariamente coisas que pertencem aos outros
16. Provoca incêndios voluntariamente, com o risco ou a intenção de causar graves danos
17. Furta objetos de valor e evita enfrentar a vítima, dentro ou fora de casa
18. Falta frequentemente à escola
19. Foge da casa dos pais ou dos tutores
20. Comete um crime que prevê o confronto com a vítima (furto, extorsão etc.)
21. Obriga outra pessoa a manter atividade sexual contra a sua vontade
22. Trata mal as pessoas; por exemplo, as faz sofrer ou as ofende voluntariamente
23. Invade casas, edifícios ou carros dos outros

Enfim, o CID-10 introduz a categoria diagnóstica dos distúrbios mistos da conduta e da esfera emocional que dá *status* de categoria nosográfica independentemente da realidade clínica frequentemente observada, constituída pela associação de um comportamento agressivo, antissocial ou desafiador, com evidentes e marcantes sintomas emocionais. Conserva, especialmente, bem identificado dentro desses distúrbios mistos o distúrbio depressivo de conduta para descrever aquelas crianças em que o distúrbio de conduta se associa estavelmente à tristeza excessiva, perda de interesse e de prazer em atividades normais, autoacusação, desespero, distúrbios do sono e do apetite. A categoria diagnóstica dos distúrbios da conduta é, portanto, uma categoria pós-estruturada, caracterizada pelo concurso de um número crítico de condições e sintomas extrapolado de uma lista mais encorpada. Disto se deduz que os jovens com o mesmo diagnóstico podem apresentar condições diferentes; não é raro haver o mesmo diagnóstico para dois jovens que não apresentam qualquer condição em comum. Quando se fala de diagnóstico segundo os critérios do DSM-IV ou do CID-10, não se fala, portanto, de jovens idênticos, mas sim de jovens que compartilham um problema naquele mecanismo normal que habitualmente nos permite controlar as nossas ações tornando-as menos impulsivas e cada vez mais socialmente encaminhadas.

Um apoio para a nosografia do CID-10, que distingue três grandes categorias de distúrbios infantis (distúrbios emocionais, distúrbios da conduta e distúrbios mistos), deriva dos estudos realizados por Achenbach mediante o CBCL, sobre o qual já discorremos no capítulo 3. Essa escala identifica, de fato, nos distúrbios infantis, três grandes dimensões: a dos distúrbios internalizados, a dos distúrbios externalizados e, justamente, a dos distúrbios mistos. Além disso, por meio da análise de como os comportamentos das crianças tendem a se agregar entre si, a escala demonstra uma tendência a se aglomerarem comportamentos externalizados em torno de duas áreas de síndrome: a do comportamento agressivo e a do comportamento delinquente. Os estudos realizados com gêmeos por meio do CBCL demonstraram como os níveis expressos na escala da agressividade são prevalentemente hereditários, enquanto os expressos na escala da delinquência são mais influenciados por fatores ambientais.

Na classificação francesa dos distúrbios mentais, o distúrbio da conduta não tem um *status* autônomo e encontra seu lugar na organização da personalidade de tipo psicopata. Tal organização de personalidade é descrita por esse sistema de classificação como um distúrbio dominado pela tendência a agir, por incapacidade para o controle, por violência contra os outros e por recusa das normas sociais. Os traços subjacentes da personalidade são descritos como caracterizados por defeitos da maturidade afetiva, alteração do sentimento de si, pobreza da vida interior, incapacidade para fazer investimentos estáveis. É, além disso, observado como a tonalidade depressiva é muitas vezes encoberta nesses distúrbios de personalidade por construções megalomaníacas e afrontas ao ambiente.

Essas diversas orientações nosográficas subentendem hipóteses diversas em relação à natureza do distúrbio. O DSM-IV cria uma forte continuidade entre distúrbio da conduta e TDAH, colocando um núcleo patogenético comum constituído pela impulsividade. A CID-10 conserva o distúrbio da conduta em continuidade com os distúrbios emocionais e, em especial, com a depressão. Esse ponto de vista da CID-10 é confirmado pelos estudos que, utilizando as categorias do DSM-IV, reportam, em cerca de um terço das crianças com distúrbio da conduta, uma associação com distúrbios afetivos. Poder-se-ia, portanto, perguntar se não existe uma categoria autônoma de distúrbio da conduta associado estavelmente a um distúrbio emocional de tipo afetivo, no qual a carga comportamental procede de modalidades mais tipicamente infantis (desafio, oposição e agressividade) para um distúrbio mais estruturado em sentido antissocial, no qual o sentimento depressivo da solidão e da baixa autoestima se torna cada vez mais distante da consciência do indivíduo.

O distúrbio da conduta está, muitas vezes, associado a outros distúrbios

Raramente um distúrbio da conduta se apresenta isoladamente do ponto de vista psicopatológico; muito mais frequentemente está associado a outros distúrbios psiquiátricos. Fala-se, nesses casos, de comorbidade.

É frequente haver a associação entre distúrbio da conduta e distúrbios de tipo internalizado — como os transtornos do humor, o transtorno bipolar, a depressão profunda, a distimia, que é uma forma menor, mas estável, de depressão — e os transtornos da ansiedade. A combinação de um distúrbio da conduta com um distúrbio depressivo não parece ter efeito negativo sobre o decurso do distúrbio da conduta nem no da depressão; trata-se, no entanto, de uma comorbidade que aumenta o risco global de um mau desempenho social do jovem, e a emergência de condutas autolesivas até as tentativas de suicídio e o abuso de drogas. A associação com o transtorno da ansiedade torna os comportamentos violentos menos graves e mais tratáveis.

Alguns trabalhos sublinham a frequente comorbidade existente entre distúrbio da conduta e distúrbios maníacos. O percentual de coexistência de um distúrbio da conduta com um distúrbio maníaco vai, segundo os vários autores, de 42 a 69%. Esse dado se baseia provavelmente no fato de que a sintomatologia com a qual mais frequentemente aparece um distúrbio de tipo maníaco é caracterizada pela presença de altos níveis de irritabilidade que podem desencadear atos violentos, no contexto familiar e/ou escolar. A presença dessa associação tem um valor prognóstico negativo e é particularmente importante no plano da prescrição da terapia farmacológica.

Amplamente reconhecida é, finalmente, a comorbidade existente entre síndrome do déficit de atenção, distúrbio desafiador e de oposição e distúrbio da conduta. O distúrbio desafiador e de oposição, especialmente, é considerado por muitos um precursor e um fator predisponente para o surgimento do distúrbio da conduta, com o qual compartilha muitos traços temperamentais. No âmbito da síndrome do déficit de atenção, parece que somente os quadros clínicos associados ao transtorno desafiador e de oposição têm uma maior probabilidade de desenvolver um distúrbio da conduta. Por outro lado, crianças com transtorno do déficit de atenção sem transtorno desafiador e de oposição não parecem ter maior propensão a desenvolver comportamentos antissociais em relação aos seus colegas.

Os distúrbios da personalidade

Uma comorbidade muito mais frequente do que habitualmente se considera é aquela com distúrbios da personalidade. A personalidade emerge do relacionamento dinâmico entre temperamento e caráter. O temperamento é aquela parte da pessoa mais ligada à hereditariedade genética, reconhecível precocemente ao longo do desenvolvimento, relativamente estável e em relação com variáveis biológicas. O caráter é aquela parte da pessoa mais correlata às relações com os outros, com a sociedade e com os valores do circuito social e familiar de vida, e é menos influenciado por fatores biológicos em relação ao temperamento. É da relação dinâmica existente entre temperamento e caráter que emerge a personalidade de cada um, e é de seu relacionamento disfuncional que podem emergir os distúrbios da personalidade. Entre os distúrbios da personalidade, o que mais se relaciona com o distúrbio da conduta é o distúrbio de personalidade antissocial (DPA), diagnóstico reservado às pessoas maiores de 18 anos. Alguns estudos propuseram a hipótese de que 69% das crianças de 7-12 anos que apresentam um distúrbio da conduta têm pelo menos três características do DPA em relação aos 38% das crianças sem distúrbio da conduta. Por outro lado, é evidente que muitos dos sintomas enumerados para se fazer diagnóstico do distúrbio da conduta são redutíveis aos critérios enumerados pelo DSM-IV para se fazer o diagnóstico do DPA.

Se observarmos rapidamente os critérios diagnósticos usados para o distúrbio da conduta, encontraremos, na realidade, muitas semelhanças com os critérios diagnósticos usados para se fazer a diagnose do DPA. Por exemplo, ser incapaz de se conformar às normas sociais e apresentar comportamentos ilegais correspondem, na criança, a mentir, ameaçar, intimidar, roubar enfrentando a vítima, furtar. Ser desonesto, mentir, usar nomes falsos ou trapacear os outros repetidamente, para tirar proveito ou por prazer pessoal, correspondem, na criança, a mentir para conseguir vantagens ou para evitar obrigações. Ser impulsivo corresponde, na criança, a passar a noite fora de casa, apesar das proibições dos pais, fugir de casa durante a noite, faltar às aulas. Irritar-se, ser agressivo, discutir ou agredir os outros fisicamente, de forma repetida, correspondem, na criança, a dar início a lutas corporais ou a usar uma arma que pode causar sérios danos físicos. Ser irresponsável com a própria segurança e a dos outros corresponde, na criança, a ser cruel fisicamente nas relações com pessoas e animais. Ser irresponsável habitualmente, ser incapaz, repetidamente, de permanecer numa atividade profissional ou de fazer frente a obrigações financeiras correspondem, na criança, a faltar às aulas. A falta de remorso, indicada pelo fato de ser indiferente ou refletir depois de ter realizado atos que causaram danos, maus-tratos ou furto podem estar presentes já na fase infantil.

Parece, portanto, que, na realidade, as características que descrevem o DPA da idade adulta são somente uma adaptação das características anteriores do distúrbio da conduta típico dos adolescentes ou dos pré-adolescentes. É preciso destacar, sobretudo, que a agressividade intencional é um sinal precoce do DPA, e que, fora de tal situação clínica, raramente se vê uma criança em condição de planejar deliberadamente destruir ou ferir alguém.

Jovens *borderline*[*] e jovens narcisistas

Os outros distúrbios da personalidade que podem estar presentes em caso de condutas agressivas e violen-

---

[*] Esse termo apareceu pela primeira vez em 1884, quando o psiquiatra inglês Hughes designou os estados *borderline* de loucura, ou seja, definiu assim as pessoas que se encontravam no limite da sanidade. (N.R.)

tas são o distúrbio *borderline* e o distúrbio narcisista de personalidade.

No distúrbio *borderline*, a agressividade é mais explosiva e impulsiva, habitualmente não planejada; ao contrário, no distúrbio narcisista da personalidade, a agressividade planejada pode chegar aos seus níveis mais extremos. É este último que está muitas vezes presente naqueles adolescentes que praticam um ato agressivo grave de modo aparentemente imotivado, ou depois de frustrações que, vistas de fora, parecem de mínima importância. Os adolescentes que cometem homicídios intrafamiliares podem ter esse tipo de distúrbio da personalidade.

Nos jovens *borderline* há, antes de tudo, um sentido não preciso da própria identidade, que torna a sua autoimagem cronicamente instável e pouco coesa em termos de intencionalidade, constância, autonomia, gênero e valores. Em segundo lugar, há imaturidade dos sistemas defensivos em relação aos conflitos internos e externos: o uso de mecanismos de defesa como a separação, a idealização e a desvalorização (que no seu conjunto criam um mundo externo feito de personagens totalmente bons ou totalmente maus); a identificação projetiva (que permite ao adolescente encontrar partes de si indesejáveis colocadas em outros personagens da sua vida); a recusa (por meio da qual características reais do mundo externo não são reconhecidas e há, portanto, uma percepção errada de aspectos do mundo externo); o controle onipotente (que torna impossível tolerar estados de inferioridade e de frustração). Todos esses mecanismos contribuem para a existência da notável confusão entre aquilo que pertence ao adolescente e aquilo que pertence ao mundo externo, típica desses jovens. Dessa confusão deriva não só a dificuldade de controlar os impulsos, de estabelecer os afetos e de tolerar a frustração, como também a irrequietude, a vida caótica e desordenada, as relações intensas, mas muito instáveis e facilmente interrompidas, os acessos de raiva incontrolada, que nos jovens *borderline* são associados ao comportamento violento.

Por outro lado, no distúrbio narcisista da personalidade, a organização parece ser muito mais estável e menos caótica. Mas isso é somente uma fachada que mascara uma personalidade igualmente pouco coesa. O efeito de mascaramento é criado nesses adolescentes pela presença de uma autoimagem grandiosa, na qual o adolescente se identifica. Esse Eu grandioso, ao qual o adolescente está secreta e rigidamente atado, exige um constante *feedback* sob forma de admiração incondicionada por parte dos outros; mas quando, mesmo por breves momentos, isso desaparece, a crença de ser o mais valente e o mais poderoso é imediatamente colocada em risco, determinando uma situação intolerável. Nessas situações, reaparece um Eu desvalorizado e altamente vulnerável que expõe o adolescente a sentimentos de raiva imprevistos e incontrolados.

Esses sentimentos, porém, mais que assumir as características do ato agressivo impulsivo, como acontece nos jovens *borderline*, tomam o caminho de uma agressividade mais pensada, que permite ao adolescente manter ativas dentro de si as convicções de poder ligadas ao Eu grandioso e, paralelamente, manter viva a desvalorização dos outros, que é a defesa inversa típica desses jovens. A Salomé descrita por Oscar Wilde, adolescente habituada a ser considerada belíssima, incapaz de se apaixonar e por quem todos sofrem por causa do amor não correspondido, é uma boa representação dessa personalidade narcisista que, apaixonada por João Batista, não tolera não ser correspondida no seu amor e, mais que enfrentar internamente essa profunda frustração narcisista, programa a morte de quem a causa.

Os jovens com organização narcisista da personalidade têm medo de toda experiência que possa fazê-los experimentar uma necessidade de afeição, uma sensação de vulnerabilidade, de dor, de impotência ou de frustração. Reagem à possibilidade de experimentar esses sentimentos com tentativas desesperadas de criar para si uma ilusão de controle, por meio de comportamentos cruéis que transformam os outros em vítimas impotentes. Trata-se de jovens que, ao contrário dos *borderline* — nos quais é mais possível identificar aspectos de dependência infantil e nos quais pode emergir um sentimento de culpa —, parecem adultos em miniatura, incapazes de perceber os verdadeiros adultos como protetores e fonte de consolação. Até o medo da dependência dos adultos os torna insensíveis e desrespeitosos para com as suas vítimas, porque estão cheios de raiva de grande poder destruidor. São aqueles jovens que, quando presos em razão de algum ato violento, se mostram arrogantes mais que arrependidos ou mortificados, soberbos e exigentes em vez de incomodados e tocados pelo sentimento de culpa. Quem tem um distúrbio narcisista da personalidade tem cinco vezes mais possibilidade de ter algum distúrbio antissocial; essa associação constitui um conúbio aterrador cuja prognose é marcantemente pior, pois, nesses casos, a presença de um Eu grandioso, que impede toda experiência de afeição e de dependência, fecha qualquer abertura da pessoa às propostas terapêuticas.

Um grave distúrbio da personalidade de tipo antissocial-narcisista é, com muita probabilidade, responsável pela maior parte das condutas violentas, tanto quando são realizadas como atos isolados intrafamiliares, como quando se realizam dentro de bandos constituídos. A isso se refere o velho termo "psicopata": os psicopatas representam cerca de 20% dos presos, mas são responsáveis por mais de 50% dos crimes violentos.

Narcisismo normal e distúrbio narcisista da personalidade

O mergulho fatídico de Narciso, à procura da sua maravilhosa imagem, transformou-o em um fácil símbolo dos perigos, consequência da total dedicação a si mesmo e à consequente "retirada" daquela função propulsiva e essencial do desenvolvimento humano que é o espelhar-se no outro. Diremos somente de passagem que parece que, atualmente, alguns neurofisiologistas italianos identificaram, em algumas áreas cerebrais, grupos de neurônios cuja função seria justamente permitir o desenvolvimento e a manutenção dessa necessidade inata de se espelhar no outro, sem o que não é possível desenvolver um adequado sentido de si mesmo.

Desde que a aventura de Narciso foi assumida como paradigma do desenvolvimento normal da criança pequena, as discussões sobre o narcisismo tornaram-se infinitas. Aqui cabe somente considerar a relação existente entre egocentrismo patológico do jovem com distúrbio narcisista da personalidade e aquele que pode ser considerado o narcisismo normal da infância, do qual todo ser humano precisa para valorizar as próprias qualidades e valores. Isso pode ser particularmente útil pelo menos por dois motivos. Em primeiro lugar, permite não só identificar aquelas crianças que podem estar em risco de desenvolver um distúrbio de personalidade que as exporá a comportamentos violentos, como também de colocar em ação programas preventivos que, como veremos, são os mais eficazes nesse tipo de distúrbios. Em segundo lugar, pode ser uma pista para os pais, para os professores e para quem exerce papéis educativos em geral, com o objetivo de identificar os comportamentos imaturos das crianças e de pedir-lhes níveis superiores de desempenho. Vejamos, então, quais são essas diferenças que marcam o divisor de águas entre normalidade e patologia.

No narcisismo normal, as atenções que a criança recebe dos adultos e que satisfazem a sua necessidade de dependência e de admiração são acolhidas por ela com reciprocidade e gratidão; a criança com distúrbio narcisista, ao contrário, nega a própria dependência e recebe as atenções dos adultos julgando ter sempre direito a estas, sem sentimentos de gratidão.

No narcisismo normal, o desejo de possuir talentos exagerados comporta realizar jogos que têm por protagonistas personagens com resultados excepcionais, como os magos ou o Super-Homem. No narcisismo patológico, a criança ou o jovem está absolutamente convencido de já ter atingido aquilo que deseja ser e não enfrenta ludicamente os seus desejos de grandeza.

Também com relação ao primeiro tipo, a competitividade permite ao jovem aprender a tolerar a derrota, com o objetivo de preservar a relação com o pai ou com o amigo. No distúrbio narcisista, a competição é vista somente como um meio para eliminar o rival; o sentido grandioso de si mesmo não deixa qualquer espaço para a possibilidade de existir outro igualmente especial – todos devem ser inferiores, e, mais que enfrentar a competição, é preferível destruir também os próprios resultados. Pode acontecer, por exemplo, que um jovem rasgue os próprios trabalhos de escola quando percebe que a mesma nota foi conseguida também por seu colega.

As exigências da criança dirigidas ao ambiente correspondem habitualmente a expectativas realistas que podem ser satisfeitas, no narcisismo normal. No segundo tipo, ao contrário, as exigências da criança são excessivas e impedem qualquer possibilidade de gratificação e de valorização; ela descarrega a raiva sobre a pessoa que cuida dela, enquanto de um lado se sente como que forçada a satisfazê-la, e, por outro lado, aquilo que lhe é oferecido é por ela considerado sempre insuficiente em relação às exigências do Eu grandioso. Enquanto a criança normal apresenta uma afeição genuína e um interesse pelos outros e pode confiar e depender dos adultos significativos na sua vida, a criança com narcisismo patológico não pode ter confiança nem depender dos outros fora do contexto imediato da satisfação da necessidade.

Habitualmente, a criança está precocemente em condição de se sentir gratificada pelas coisas que consegue fazer e pelo fato de se esforçar para atingir os próprios objetivos; paralelamente, pode também reconhecer com satisfação os sucessos dos outros. Se estivermos na presença de um distúrbio narcisista, a criança é como que obrigada a renegar toda coisa que não corresponda ao sentido grandioso de si mesma, e para conservá-lo tende a desvalorizar os outros.

No narcisismo normal, há uma normal regulação da autoestima que leva a uma autoaceitação realista e aceitação das próprias qualidades, tanto positivas como negativas. No distúrbio narcisista há, ao contrário, uma disfunção no nível da regulação da autoestima, testemunhado por uma necessidade excessiva e constante de a pessoa se sentir admirada para se sentir bem consigo mesma. O sentido de importância grandiosa do próprio Eu, tão central para esses adolescentes, cria, na realidade, uma extrema vulnerabilidade à crítica e ao insucesso, aos quais retribui com desdém, com raiva ou com um contra-ataque de desconfiança que, associados à falta de sentido de culpa, podem levar ao ato violento.

Nem sempre uma personalidade narcisista implica um comportamento violento; é verdade, no entanto, que diante de atos de violência aparentemente inexplicável há uma ampla possibilidade de se estar diante de uma descompensação da organização narcisista patológica do adolescente, que até aquele momento não tinha se manifestado.

Percorrendo novamente a história desses adolescentes, será possível constatar algumas das características típicas dessas personalidades: a superioridade desdenhosa, o sentido de poder ilimitado, o pretender sempre o direito sobre algo, a falta de empatia, a contínua desvalorização dos outros, a arrogância soberba, o procurar controlar os outros de modo onipotente, mas também a vulnerabilidade e a hipersensibilidade à crítica, a pouca tolerância à frustração, a propensão para a manipulação, a mentira e o furto, a intolerância das diferenças entre si e os outros.

Habitualmente, trata-se de adolescentes que foram até bons estudantes, mas os seus bons resultados visavam essencialmente conseguir a admiração dos outros mais que adquirir o conhecimento pelo seu valor intrínseco ou pelo benefício pessoal que pudesse trazer. Assim, quando a admiração dos outros termina, declina também o seu interesse pela aprendizagem, e começa a prevalecer o tédio, que é um traço essencial do distúrbio narcisista.

Capítulo VII

Avaliar

A história de Pierre

Pierre, um adolescente de 14 anos, matou friamente o pai, a mãe e o irmão de 4 anos.* Os psiquiatras que o entrevistaram não conseguiram detectar qualquer distúrbio psíquico que pudesse reduzir a sua capacidade de entender. Ao procurar dar uma razão a seus atos, Pierre explicou que "não suportava mais sua mãe, muito autoritária". Afirmou ser vítima das suas violências; todos os dias ela ria dele e, no dia do homicídio, o havia obrigado a ficar em casa para fazer os deveres. Para Pierre o máximo da injustiça tinha sido o fato de ela haver-lhe negado dinheiro para comprar um jornal esportivo, enquanto havia dado dez euros para sua irmãzinha. A mãe havia deixado de trabalhar havia vários anos para educar os três filhos. Havia algum tempo, Pierre não estava muito bem na escola, era mais turbulento e fazia parte de um grupo de rapazes que praticava atos de

---

* De acordo com o artigo em francês, em *Le Monde*, Pierre feriu gravemente também a irmãzinha, mas ela se salvou. (N.R.)

vandalismo, atirava pedras, sujava roupas expostas nas lojas, tanto que o prefeito da cidade havia se preocupado com isso mediante um aviso público. Havia alguns meses, as punições contra Pierre eram maiores; ele era visto brincando cada vez menos fora de casa e tinha horários mais rígidos para voltar. O pai, que até o ano anterior estava muitas vezes ausente de casa por causa do trabalho, nos últimos tempos estava mais frequentemente presente na família para ajudar a mulher preocupada com esse filho "teimoso e mentiroso". O rapaz mentia despudoradamente: andava pela rua dizendo que seus pais estavam se separando; que ele tinha abatido animais enormes com o fuzil de caça do pai. Nada de grave, *per se*, mas as mentiras testemunhavam que Pierre não era somente o "pequeno anjo" loiro descrito pelos habitantes da cidade. Pierre se apresenta com várias faces: gentil e obsequioso com alguns adultos, depois, capaz de atormentar terrivelmente os colegas. Na tarde anterior ao dia do homicídio, Pierre, que havia sido proibido de sair porque devia fazer os deveres de escola, estava particularmente pensativo, não havia aberto a boca durante todo o jantar e tinha ido dormir muito cedo; depois, foi procurar um fantoche para acalmar o irmãozinho que não parava de chorar. (*Le Monde*, 31 de outubro de 2004)

Pierre é somente um dos exemplos mais recentes de jovens violentos que se tornaram notícia. O leitor deveria estar, neste ponto, de posse dos instrumentos necessários para compreender o que foi descrito numa simples notícia de jornal. Isto é, deveria estar em condição de reconhecer o comportamento violento como ponto emergente de uma patologia complexa caracterizada por uma constelação de sintomas de efeito persuasivo que entram em colisão com o ambiente familiar ou social mais próximo do rapaz. Deveria também ser evidente que a metodologia de avaliação diagnóstica deve se ocupar não só do rapaz que cometeu o ato violento, mas também de sua família, do contexto escolar e extraescolar e de todos aqueles agentes sociais com os quais o rapaz entra em contato. Uma avaliação desse tipo é de importância crucial para os objetivos da definição do tratamento e do juízo prognóstico. A avaliação exige a utilização de informações e a coleta de dados provenientes de mais informadores (família, equipe escolar, grupo de colegas, autoavaliação, observação clínica direta), de modo a poder avaliar a presença dos comportamentos indicadores e dos comportamentos precursores nas várias situações de vida do rapaz.

Falar com um jovem violento

A avaliação dos jovens com condutas violentas se torna uma arte particularmente delicada e difícil de ser conquistada, em razão de estas se apresentarem associadas a diversos distúrbios psicopatológicos.

É, antes de tudo, importante começar a entrevistá-los com curiosidade e mente aberta, procurando superar os sentimentos negativos suscitados pelo comportamento delinquente ou agressivo. É, de fato, muito fácil que uma contratransferência* negativa entre em primeiro plano e corra o risco de tornar a avaliação limitada e incompleta. Essa atitude positiva não deve fazer esquecer a necessidade de tomar todas as precauções necessárias para prevenir as condutas perigosas e a oportunidade de uma interrupção se houver preocupação sobre a própria incolumidade.

Durante a entrevista, é preciso estar muito atento para não intervir de modo que possa parecer provocador. Deve-se dedicar atenção especial a todo sinal que indique que o jovem está para perder o controle, e toda comunicação deve levar em consideração que o jovem está lutando para conservar o autocontrole. Se já há hipóteses sobre a natureza da ferida narcisista, que precisa ser identificada, ritualizada num novo cenário, compreendida e reparada, as intervenções nessa direção deverão ser muito cautelosas e empáticas. É preciso levar sempre em consideração o crescente distúrbio do sentido de si e o fato de que algo feriu tanto a autoestima do jovem, que o fez pensar poder restaurar uma

---

* Conceito freudiano segundo o qual há uma reação emocional do terapeuta em relação ao paciente, que pode ser consciente ou inconciente e pode vir a exercer interferência no tratamento. (N.R.)

autoestima aceitável somente por meio do comportamento violento. Portanto, o escopo primário desde os primeiros momentos da avaliação é ajudar o jovem a readquirir um sentido coeso de si e ampliar as possibilidades de transformar a agitação e a beligerância em formas expressivas verbais. É bom tornar explícito desde o início aquilo que já se sabe do jovem e encorajá-lo a expressar o seu ponto de vista; é preciso criar um clima de grande honestidade e sinceridade, que poderá criar aquele clima de confiança, do qual são particularmente carentes os jovens que viveram muitas vezes em ambientes pouco coerentes e pouco honestos. Todo problema é discutido diretamente e de modo completo. É preciso prestar atenção aos comportamentos violentos que geraram sofrimento nos jovens, sem, porém, esquecer que eles podem apresentar comportamentos violentos contra os pais, os irmãos ou os colegas, independentemente da sua provocação.

É também importante prestar atenção à qualidade afetiva da linguagem que é frequentemente dissociada do conteúdo formal. O discurso parecerá, portanto, inventado, não autêntico, alienado e às vezes incolor. A fala flui veloz e ininterrupta, quase como uma página de um livro de James Joyce, sem parágrafos nem pontuação. As palavras são usadas, sobretudo, para desviar a atenção e para mascarar os fatos mais que para haver uma comunicação significativa.

Do ponto de vista da anamnese, é preciso investigar a área dos comportamentos violentos por meio de perguntas aos pais, do tipo: "Seu filho alguma vez perdeu o controle? Como se manifesta esse descontrole? Alguma vez feriu alguém? Premedita causar danos a alguém?". Durante a entrevista com os pais, é preciso ter informações sobre a presença de um temperamento difícil precoce, de um comportamento de oposição ou impulsivo. Uma avaliação completa deve, finalmente, estender-se a outras áreas que dizem respeito aos pais: o seu estado psíquico, a presença de condutas antissociais e de discórdias familiares, um estado de isolamento social e de depressão materna, o tipo de atitudes para com o filho, sua percepção sobre a criança. Tendo bem presentes esses critérios gerais, a entrevista exige, além disso, algumas estratégias específicas relativas aos distúrbios mais frequentes que podem estar associados.

No caso de um distúrbio de oposição, visto serem esses jovens hipersensíveis à autoridade e com tendência a apresentarem comportamentos ativos de desafio, é necessário estar atento para não estimular esses comportamentos e para não cair nas armadilhas. A recusa em falar ou o desafio do silêncio estimula facilmente a raiva; quando não se está pronto para controlar as próprias respostas negativas, corre-se o risco de assumir, então, uma atitude desafiadora e de oposição mais que empática e de guia positivo. É preciso estar consciente dos laços que o comportamento de oposição tem com os distúrbios afetivos e procurar tornar menos resistente o comportamento de fachada do jovem. Em geral, é necessário ser conciso e não assumir uma atitude condescendente ou pessimista. Podem existir comportamentos úteis: manter-se participativo; ser caloroso; manter um bom autocontrole e controlar o tom da própria voz; usar um tom de voz assertivo e positivo; focalizar o problema mais do que o jovem; estimular um estilo cooperativo; envolver o jovem na resolução dos problemas e premiar os passos dados em frente; usar bom humor; enfatizar os pontos fortes e as expectativas positivas; focalizar o "aqui e agora"; sustentar a verbalização por meio da inversão de papéis. Há, ao contrário, comportamentos que devem ser evitados: confrontar-se abertamente; aceitar choques de poder; ter uma atitude de intimidação; ignorar o jovem; personalizar o problema; recordar erros passados; usar afirmações que podem humilhar o jovem.

Se estiver presente também um distúrbio do déficit de atenção e hiperatividade, algumas providências específicas podem ser necessárias, como limitar o espaço físico à disposição e os objetos que devem ser usados. Uma caneta e uma folha de papel são preferíveis a uma rica caixa de canetinhas e um maço de folhas;

uma cadeira bem próxima à mesa pode ajudar a limitar a tendência a se movimentar. A entrevista deve examinar um tema por vez; toda transição de um tema para outro deve ser feita com cuidado. É oportuno que a entrevista não dure mais que 20 minutos. Uma redução da necessidade dessas estratégias é um ótimo índice de melhoria.

A suspeita de um transtorno bipolar (a alternância entre estados depressivos e estados de excitação) existe quando entra no primeiro plano o descontrole emotivo por meio de euforia, grandiosidade, pouca necessidade de sono, dispersão dos pensamentos. No entanto, o fato de, muitas vezes, o transtorno bipolar se manifestar na criança e na primeira adolescência com características mais esmaecidas (conotadas por irritabilidade mais que humor eufórico, por cronicidade mais que por episódios críticos e isolados, por estados mistos com presença simultânea de mania e depressão) torna muitas vezes difícil essa área de pesquisa e mais amplos os riscos de subestimar a presença de um transtorno bipolar.

Além disso, deve-se levar em consideração que, muitas vezes, um leve estado maníaco pode ser confundido com uma "alegria infantil" normal. Portanto, em razão desse diagnóstico, repetem-se as controvérsias da década de 1970 sobre a possibilidade de diagnosticar uma depressão nas crianças. Um transtorno bipolar é sempre suspeito quando, ao longo da avaliação, um jovem ou uma criança apresenta flutuações inexplicáveis do humor, reações intensas de raiva diante de pequenas frustrações, idealizações sexuais inadequadas ao contexto, idealizações maníacas ("Tenho a força de cem jatos no meu corpo"; "Sou um super-herói"; "Devo defender o mundo das invasões dos alienígenas" etc.). Há indicadores menos seguros como: a presença de arrogância, a desvalorização dos outros, os conflitos com a autoridade, a convicção de ter capacidades intelectivas superiores. Em todas essas situações, ao longo da avaliação, é muito importante indagar a presença de sentimentos depressivos que estão quase sempre copresentes.

Um elemento central da avaliação é a pesquisa que diz respeito à presença de um distúrbio da identidade e de mecanismos primitivos de defesa. A presença deles, junto com alguma conservação da capacidade de manter o contato com a realidade, faz realmente suspeitar que haja um distúrbio *borderline* de personalidade. Se esses aspectos não são muito pronunciados e a organização da personalidade é mais estável como resultado de um mascaramento realizado pelo Eu grandioso, é possível a hipótese de um distúrbio narcisista.

No caso de um distúrbio *borderline*, o distúrbio da identidade é colocado em evidência por uma expressão verbal cheia de contradições, por oscilações bruscas na expressão das emoções, por representações contraditórias de si mesmo e dos outros, por uma pobreza da capacidade reflexiva, pelo andamento flutuante da empatia, por uma marcante impulsividade, pela alternância entre desvalorização e extrema idealização, por comportamentos autolesivos, por sentimentos crônicos de vazio, por estados dissociados, por dificuldades no processo de separação/identificação, por angústias de abandono, por relações pobres com os pares e poucas amizades, pela incapacidade de sentir prazer no jogo.

No caso de um distúrbio narcisista, é possível evidenciar bem rapidamente um sentido de importância grandiosa de si mesmo associado à grande vulnerabilidade da autoestima, mas sem distúrbio do humor. Essa mistura cria um sentido crônico de inveja e de desvalorização dos outros, com o objetivo de manter a crença de ser o mais perfeito e poderoso. A desvalorização dos objetos não permite o desenvolvimento do jogo na criança e dos ideais na adolescência, enquanto a desvalorização das pessoas torna esses jovens intolerantes à mais leve frustração, arrogantes, pouco empáticos e manipuladores.

As escalas de avaliação

Existem alguns instrumentos de avaliação que cobrem um amplo espectro de áreas sintomatológicas ou disfuncionais, dentro das quais encontra seu lugar também a avaliação dos comportamentos agressivos e delinquentes. Nesse âmbito, as escalas mais difundidas na literatura são: a CBCL, feita pelos pais; a sua versão para os professores, chamada *Teacher report form* (TRF) [Procedimento do relatório do professor]; a escala para os jovens, a partir dos 12 anos de idade, chamada *Youth self report* (YSR) [Relatório do próprio jovem]. Essas três escalas são formadas por algumas perguntas sobre as competências sociais e por 118 itens; cada um deles permite fazer um juízo sobre a presença ou não de um determinado comportamento. Essas escalas fornecem um perfil comportamental do sujeito articulado numa pontuação total, uma pontuação para os distúrbios internalizados e uma para os distúrbios externalizados, e oito agrupamentos sintomatológicos chamados "síndromes". No âmbito desses oito agrupamentos, são identificadas duas síndromes relativas ao comportamento delinquente e ao comportamento agressivo. O perfil global da CBCL permite evidenciar a presença paralela de distúrbios de tipo internalizante (ansioso/depressivo, psicossomático, retraído), de distúrbios da atenção, de dificuldades no âmbito social ou de distúrbios do pensamento, que muitas vezes estão de várias formas presentes nos jovens que cometem atos violentos.

Na avaliação da psicopatologia, podem ser utilizadas diversas entrevistas diagnósticas que se diversificam com base no grau de estruturação da entrevista e que têm o objetivo de chegar a um diagnóstico segundo os critérios das classificações internacionais. Um exemplo disso muito utilizado é a K-Sads (*Schedule for affective disorders and schizophrenia for school-age children*) [Escala dos distúrbios afetivos e esquizofrenia para crianças em idade escolar], recentemente traduzida para o italiano. Essas entrevistas diagnósticas são utilizáveis somente por clínicos ou pelo pessoal adequadamente preparado. São propostas diretamente ao interessado e/ou aos seus pais; todas têm uma parte dedicada ao distúrbio da conduta, mas têm também a grande vantagem de poder colocar em evidência a frequente patologia associada.

Pelo menos a partir dos 14 anos, a identificação de um distúrbio da personalidade é, como observamos, um aspecto central da avaliação; esta pode ser feita mediante a SCID-II (*Structured clinical interview for DSM-IV, Axis II personality disorders*) [Entrevista clínica estruturada para o DSM – IV, Ação II distúrbios da personalidade], que permite, por meio de um questionário respondido pelo jovem e de uma posterior entrevista clínica, identificar a presença de distúrbios *borderline*, narcisista ou antissocial da personalidade.

A APSD (*Antisocial process screening device*) [Projeto escala do processo antissocial] é uma escala específica para identificar a presença de um DPA nas crianças e especialmente dos traços de endurecimento, afetos superficiais, carência de empatia e de sentimento de culpa, tão importantes nos jovens com comportamentos violentos.

A avaliação poderá ainda se valer de escalas comportamentais (*rating scale*) específicas que permitem avaliar o grau de interesse de algumas áreas específicas; a avaliação do TDAH poderá valer-se das escalas de Conners; a avaliação da depressão poderá valer-se do *Child depression inventory* [Relatório da depressão infantil]. Os aspectos temperamentais podem ser avaliados segundo o modelo de Cloninger, que identifica quatro dimensões do temperamento:

a) evitação de dano;

b) busca de novidades;

c) dependência da recompensa;

d) persistência.

Cada uma dessas dimensões representa um traço normalmente distribuído, moderadamente herdável e estável, que tem um papel importante na definição do risco para comportamentos violentos.

É muito útil também a avaliação do desempenho global do jovem: faz-nos compreender quanto a sintomatologia ligada ao distúrbio interfere efetivamente na vida da criança, impedindo-a de ter um correto desempenho nos seus âmbitos de vida. Trata-se de um critério geral que pode ter mais importância que a presença dos mesmos sintomas e que permite introduzir na avaliação dos tratamentos a importante diferença entre eficácia (redução da sintomatologia) e eficiência (melhoria do desempenho global). Para a avaliação do desempenho global, podem ser usadas: a *Child global assessment scale* (C-GAS) [Escala de valor geral infantil], ou a mais analítica, completa e menos subjetiva Health of the *Nation Outcome Scales for Children and Adolescents* (Honosca), [Escalas do resultado da saúde nacional de crianças e adolescentes], amplamente utilizada pelos serviços ingleses de saúde mental.

A anamnese familiar e individual deverá avaliar os fatores de risco e de proteção, determinar o período de aparecimento e avaliar a personalidade dos pais e os laços existentes dentro da família. As representações dos pais, as relativas à criança e a eles mesmos, podem ser avaliadas com o *Parent stress index* (PSI) [Índice do estresse parental], que permite também a avaliação dos *life events** que podem ter tido um papel importante no aparecimento do comportamento violento. Finalmente, o *Parent bonding index* (PBI) [Índice de ligação parental] permite identificar o tipo de ligação com os pais com base no grau de cuidado e de proteção vivenciado pelo jovem. A importância da avaliação desses parâmetros familiares não deve nunca ser subestimada.

É frequente a situação de "jovens-modelo", assim considerados, ou que realmente o são, como o caso de Pierre, descrito no início deste capítulo, que são submetidos a vexames e violências dentro da própria família.

> Um rapaz de 14 anos, de Bolzano, aparece no noticiário por haver esfaqueado o pai por causa de um violoncelo. A primeira hipótese foi a de um impulso violento como consequência do convite do pai para tocar mais baixo; posteriormente essa hipótese foi redimensionada pela defesa do rapaz, que descreveu o pai como muito violento e incapaz de controlar a sua cólera quando em família: a situação em casa era, portanto, insustentável; diante dessa realidade, a atitude do rapaz mudava.

---

* Fatos da vida. Em inglês no original. (N.R.)

Uma jovem de 15 anos, de uma pequena aldeia do Trentino, matou o pai alcoólatra a facadas, porque, quando este voltava para casa, não tolerava a música muito alta do aparelho de som; um comportamento que foi imediatamente interpretado como um impulso, mas aos poucos se revelou ter sido o meio pelo qual a moça quis libertar a família de um pai alcoólatra e violento.

Em todas essas situações, uma avaliação atenta do jovem e do seu contexto está na base de qualquer juízo sobre a natureza do acontecimento violento.

Capítulo VIII

É possível curar?

O "grilinho na cabeça"

Neste capítulo, procurar-se-á não só contestar o estereótipo muito difundido segundo o qual é impossível lidar com rapazes violentos, como também convencer o leitor de que programas terapêuticos precoces e extensivos a vários ambientes de vida do jovem podem reduzir a taxa de criminalidade de modo mais eficaz que a detenção.

> André chega ao consultório aos 15 anos de idade, porque há aproximadamente um ano discute cada vez mais frequentemente com o pai e com a irmã mais velha, passando rapidamente dos palavrões aos tapas, tanto que a irmã, que apanhava repetidamente, por duas vezes teve de se proteger na polícia. André se apresenta como um rapazinho delicado e de olhar suave, que não tem nada a ver com a narração das graves condutas agressivas. Sua fala é um sussur-

ro leve, muitas vezes baixa o olhar e, enquanto escuta a narração da irmã sobre as violências sofridas, tem tiques contínuos nas pálpebras. A impressão da dupla identidade é nítida: de um lado, a frágil, deprimida, desorientada e fraca; de outro, a violenta e furiosa. As situações em que aparece a segunda identidade são desentendimentos banais que começam com uma discussão, depois brigas e, finalmente, gritos que exigem a intervenção dos vizinhos. A irmã corrige um erro, e André começa a gritar, levanta-se de repente e vai em sua direção com os punhos levantados e uma expressão de fera enfurecida. André explica que "ela faz assim, diz que não sei falar, trata-me como um ignorante e eu não vejo mais nada. Ela deve me respeitar, porque senão me salta um grilinho na cabeça e então parto...".

Ele começa a frequentar um programa de reabilitação plurissemanal, durante o qual acontecem também entrevistas psicoterapêuticas. O tema das entrevistas é muitas vezes relativo à sua scooter, na qual coloca uma alma: junto com a moto realiza movimentos perigosos, enfrenta as disputas com os amigos, desafia as leis da gravidade. Mas, por meio das narrações sobre a moto, é possível entrar em contato com os seus estados de alma, o seu cansaço, o medo de que algo se rompa dentro dele irreparavelmente. A capacidade de escutar e a de impor limites, típicas de toda terapia, permitem a André reduzir a própria raiva, fazer chegar ao primeiro plano a identidade frágil e medrosa, sentir-se necessitado de proteção.

Nos meses seguintes André chega com uma nova moto, negra, de carenagem afilada. Falando dela, examina os episódios de agressividade dos quais se torna protagonista, analisa os motivos causadores e os pensamentos que precedem a ativação daquele "grilinho" que de vez em quando continua a saltitar na sua cabeça. Agora usa álcool e maconha; conta os arrastões que faz com os amigos, os atos de vandalismo e a violação das regras do código de trânsito. Apesar de tudo isso, consegue concluir regularmente o primeiro ano do curso, os laços de amizade se ampliam, cria um laço sentimental com uma colega. No entanto, atravessa aquilo que ele considera um dos perigos piores da sua vida: junto com uma série de atos antissociais que lhe rendem uma denúncia no juizado de menores e o colocam em sério perigo de vida, acontece o brusco rompimento do laço sentimental com o qual descobriu ter muito mais do que pensava. Conta que, depois da comunicação da ruptura, saiu de moto e começou a correr sem destino. Não sabia em que direção estava indo e não percebia aquilo que lhe acontecia ao redor; voltou à realidade somente ao ouvir a buzina de uma moto e os gritos do motociclista.

Poucos dias depois, André conta um sonho que o deixou muito apavorado: "Estava na casa de minha namorada; na sala estava toda a família, também a irmã caçula. Alguma coisa chama a minha atenção; levanto-me e encontro no outro quarto um fuzil; carrego-o e me dirijo para a família; começo a disparar e, apesar dos gritos e das súplicas da minha namorada, vou em frente matando com uma ferocidade incontrolável até a irmãzinha e finalmente a minha namorada". Fica apavorado por não ter conseguido parar. Sonho e realidade se confundem; diz ter medo de que aquilo que sonhou pudesse acontecer-lhe realmente. Tem medo de que a raiva controle totalmente a sua vida, que se espalhe e que nem mesmo as vozes das pessoas que o amam consigam detê-lo. Mas a transposição no sonho daquilo que é o problema central do seu distúrbio clínico abre novas possibilidades de elaboração. Refere que algo muda continuamente dentro dele; sente que, em determinados momentos, está muito mal, bebe, fuma, e sua angústia não desaparece. Em outros, parece ter algo que está para explodir dentro dele; então corre com a moto, e nada pode detê-lo. Começamos a pensar na possibilidade de que, na cura, tenha de ser introduzido também um fármaco. André está apavorado, tem medo de que o fármaco o faça dormir, que o reduza a uma larva, mas o fato de ter mais consciência de sua irritabilidade faz com que aceite a proposta. Nos meses seguintes, as crises de raiva e de violência tendem a se reduzir até quase desaparecerem. Retoma uma vida social e esportiva normal. Fala mais vezes sobre as próprias fraquezas e inseguranças, sobre os medos em relação à escola, sobre as dificuldades com as garotas, sobre as dúvidas em relação ao seu papel no grupo, sobre os medos em relação ao futuro, sobre o relacionamento difícil com a mãe deprimida.

Nos meses que precedem o fim das aulas, surge a ansiedade por causa das provas, mas desta vez André é mais capaz de suportá-la; pede ajuda e frequenta um programa de recuperação escolar. Ao mesmo tempo, retoma o trabalho de consertar a scooter; no final das aulas, chega pilotando uma moto irreconhecível: em branco-perolado, toda em ordem, com um boneco da Michelin* branco preso no pára-lama dianteiro. O bom trabalho de restauração realizado na moto assume o significado dos bons resultados da cura. Depois de alguns anos, André completou o seu curso na escola e conseguiu resultados muito satisfatórios em um esporte de alto conteúdo agressivo, no qual conseguiu desviar a sua agressividade de modo a não fazê-la se tornar violência.

O bom resultado dessa situação clínica não deve fazer pensar que o tratamento dos jovens violentos seja simples. A complexidade dos fatores etiopatogênicos, a frequente copresença de situações sociais e familiares de risco, a penetrabilidade do distúrbio em relação aos vários ambientes de vida do jovem, a pertença a grupos coesos e marginais de jovens fazem com que os sistemas terapêuticos habituais sejam muitas vezes ineficazes. A literatura científica demonstra claramente que, para este importante problema clínico, talvez o mais

---

* Boneco chamado "Bib", símbolo da fábrica de pneus Michelin. (N.R.)

exigente e custoso para o sistema social de um país, não foi ainda identificado um sistema terapêutico eficaz.

Nothing works[*]

Uma resenha recente da literatura americana sobre a violência juvenil é concluída com um lapidar *nothing works*, que define a encruzilhada em que se encontram os tratamentos psicoterapêuticos, tanto individuais como de grupo, independentemente da orientação teórica à qual fazem referência.

Diante dessa situação, resta ainda uma preocupante tendência ao desconhecimento desses problemas nos setores sociais, escolares e pediátricos de primeiro nível, nos quais esses jovens são muitas vezes considerados simplesmente como desagradáveis, difíceis ou bizarros. Assim, esses setores faltam com seu papel preventivo de evitar que se conservem ativos os circuitos do distúrbio, até a sua exasperação durante a adolescência e a sua estabilização na idade adulta.

O desenvolvimento de programas preventivos é central para esse tipo de problema; uma prevenção primária deve tender realmente para a redução dos fatores de risco e para o fortalecimento dos fatores de proteção.

---

[*] Nada funciona. Em inglês no original. (N.R.)

Nos casos em que já é evidente uma sintomatologia, são necessários programas de prevenção secundária que identifiquem o distúrbio numa fase precoce, de modo a ampliar as possibilidades de sucesso nos tratamentos. Quando o distúrbio está na fase evidente e já se tornou um problema grave, a prevenção terciária deve prever sistemas de cura voltados para o indivíduo, para o contexto familiar, para o ambiente escolar e para o âmbito comunitário. Entre estes últimos, estão assumindo importância decisiva os programas que tendem ao fortalecimento das experiências sadias em grupos esportivos. Recentemente, nos Estados Unidos, publicou-se, no Boston Miracle, que se reduziu drasticamente o número de homicídios entre os jovens. Em Boston, a intervenção previu o recrutamento de mais de cem consultores para os adolescentes e a organização de times de basquete nos quais eram colocados os jovens em situação de risco. Nesse programa foram investidos vinte milhões de dólares, seguindo o princípio de que é melhor gastar muito antes do que muito mais depois.

O papel da psicanálise

A contribuição que a psicanálise deu para a compreensão da psicogênese do ato violento é indubitavelmente de grande importância. Fica, no entanto, aberta a questão se essa contribuição pode também representar um passo adiante para o seu tratamento. O pediatra e psicanalista inglês Donald Winnicott, no fim de um famoso escrito sobre a tendência antissocial da criança, já havia sublinhado como a psicanálise não é o tratamento indicado para esse tipo de distúrbios: "O tratamento da tendência antissocial", afirma ele, "não é a psicanálise, mas é a oferta de curas; é a estabilidade fornecida pelo ambiente que tem valor terapêutico". Bem antes, Freud havia sublinhado, na introdução a um dos primeiros textos sobre jovens delinquentes escrito por Aichhorn, em 1925, que com eles é preciso a união da psicanálise com a pedagogia: "A psicanálise", diz Freud, "pode ser muito útil para a educação, mas não é idônea para tomar o seu lugar; a pós-educação psicanalítica não tem nada a fazer com a educação dos jovens imaturos". Jovens imaturos e frágeis: é assim que Freud, com sua capacidade de visão, identifica o traço estrutural característico dos jovens que praticam atos violentos.

O "trabalho em rede"

Os diversos temas analisados neste livro levaram os clínicos a identificar modelos de tratamento mais amplos e globais. Nos parâmetros para o tratamento de crianças e adolescentes com distúrbio da conduta da American Academy of Child and Adolescent Psychiatry [Academia de Psiquiatria Americana para Crianças e Adolescentes], destaca-se que a intervenção terapêutica deve envolver sempre os diversos contextos de vida do jovem e prever a longo prazo. Para esse tipo de intervenção, estendido aos vários contextos de vida do jovem, foi atribuído, na Itália, o nome de *trabalho em rede*, para apontar como os vários setores criados para a infância e para a adolescência (escola, serviços sociais, associações, grupos paroquiais, grupos esportivos, mas também a polícia militar e a civil) devem conseguir mover-se segundo linhas e projetos compartilhados. Devem constituir uma rede compacta, mais que agir como serviços distintos e separados com os quais um mesmo jovem entra em contato em tempos diferentes. Sublinha-se a centralidade de uma intervenção na família, que forneça aos pais indicações sobre o seu papel educativo e que procure eliminar as atitudes particularmente rígidas ou excessivamente permissivas e incoerentes. Dá-se importância a um trabalho psicoterapêutico individual de tipo misto, que compreenda técnicas exploradoras, de apoio e cognitivo-comportamentais. Enfatiza-se que a intervenção farmacológica não é nunca o único remédio, mas pode ser um tratamento auxiliar útil. Indica-se explicitamente que a penetrabilidade dos sintomas exige que se trabalhe na escola e nas atividades extraescolares, garantindo a frequência de grupos que não sejam de risco. Finalmente, afirma-se com ênfase que as diversas intervenções devem ser conduzidas num quadro unitário. O trabalho em rede é verdadeiramente um *must** dessas situações clínicas, com risco de rejeição ou de interrupção dos tratamentos propostos. Para esses adolescentes, que preferencialmente agem como meio para não pensar e para eliminar o sofrimento ligado à raiva e à sensação de abandono, o trabalho em rede cria um quadro amplo de contenção que lhes permite um reinvestimento relacional instaurado sobre distâncias mais adequadas com o outro. Isso determina, assim, as condições para que possa nascer nele aquele espaço interno necessário para o desenvolvimento das capacidades de reflexão.

Um dos primeiros objetivos do trabalho em rede é superar os obstáculos para a aliança com o jovem e com a sua família. Raramente esses jovens pedem para ser ajudados, e a família se encontra tão exasperada pelas dificuldades interativas surgidas desde a infância, que se encontra sem esperança e sem confiança. Por esses motivos, é preciso assumir uma atitude que não seja nem muito corretiva nem muito acolhedora. A primeira pode fazer sentir o projeto terapêutico como tendente

---

* Imperativo, imposição. Em inglês no original. (N.R.)

unicamente à normalização do comportamento, em linha com as exigências dos adultos mais que do jovem; a segunda pode fazer sentir a relação terapêutica como a criação de um laço de dependência do qual o jovem procurará provavelmente se livrar. Ambas podem impedir a criação da aliança terapêutica que constitui a primeira etapa de todo projeto de cura. Quando parece, porém, que uma aliança esteja constituída, há sucessivos momentos críticos em relação ao emergir das experiências depressivas e de abandono, até aquele ponto mantidas sob controle por meio de comportamentos violentos.

A experiência terapêutica é, de fato, para esses jovens uma experiência nova, que é percebida como desorientadora e que os confronta com o temor de que também o ambiente terapêutico, como o experimentado ao longo da infância, seja uma frágil casca de ovo.

Neste ponto, o ambiente terapêutico se torna um palco rico de atos provocadores e vandálicos que têm a função de provar a solidez e a estabilidade da ligação. Winnicott diz que é típico dos jovens com tendência antissocial colocar à prova o ambiente para verificar se este é capaz de tolerar a agressão, de suportar o dano, de reconhecer o elemento positivo da violência.

Quando se trabalha em rede, deve-se, portanto, levar em conta esse aspecto psicopatológico central. Devemos mostrar-nos em condição de não ter medo da violência do jovem. Assim, favorecer-se-á a integração entre as diversas identidades do jovem violento: a frágil, a deprimida e a desorientada ou fraca, que diante até de uma mínima ferida narcisista, deixa o lugar para a violenta e furiosa.

O trabalho em rede torna também mais amplas as possibilidades de se poder agarrar algo vital, de se ampliar o leque de interesses tão extremamente reduzido e de se repararem os laços pobres e inconsistentes.

Ajudar a família

O fato de a família desses jovens ser frequentemente caracterizada por mães muito jovens, núcleos monoparentais, casais com muitos conflitos, situações de desvantagem econômica, psicopatologia dos pais, coloca o trabalho com a família em primeiro lugar na rede.

Com essas famílias multiproblemáticas é necessário, antes de tudo, garantir a presença de suportes sociais e econômicos, especialmente quando a mãe é muito jovem e o pai está ausente. Os pais das crianças menores precisam de um apoio muito intenso que os ajude a não ficar dominados pela raiva e a não se desencorajarem, atitudes que podem suscitar em medida ainda maior os comportamentos problemáticos da criança.

O objetivo é deixar os pais em condição de fazer frente à falta de controle dos impulsos e à ausência da empatia, estabelecendo, portanto, limites firmes e coerentes, sem desafogar a própria raiva contra a criança. Eles devem, portanto, ser ajudados a se comunicar com autoridade e clareza de conteúdo, possivelmente no momento e no mesmo lugar onde o comportamento se apresentou; a tolerar a dor e até o sentimento de culpa que pode derivar de uma abordagem educativa severa e de um papel fortemente protetor.

Por exemplo, a resposta ao furto deve ser a imediata restituição daquilo que foi furtado e na presença dos colegas, de modo que a reação da comunidade tenha impacto sobre a criança e evoque uma resposta afetiva mais poderosa que o simples "Sinto muito". Tendo em vista a predisposição à mentira e o uso superficial da linguagem, o pai muitas vezes tem dificuldade para verificar a verdade dos atos do jovem, o qual deve ser habituado a demonstrar com fatos as próprias mudanças e o próprio arrependimento, em vez da simples expressão verbal. O "Sinto muito" é de fato usado muitas vezes como artifício para o jovem se livrar das repreensões. O pai deve, ao contrário, exigir que as desculpas, para serem aceitas, sejam sempre acompanhadas do comportamento correspondente.

No que diz respeito à ajuda para a modificação do *parenting*, foram propostos diversos modelos baseados na teoria da afeição, que prevêem programas que visam a reconstruir a história familiar, na qual se coloca o distúrbio da criança. O foco é colocado especialmente sobre os padrões transgressivos da afeição; o plano de trabalho prevê a modificação dos padrões que os pais têm a tendência de repetir na relação com os próprios filhos, apoiando assim, embora involuntariamente, sua conduta violenta.

Outras modalidades de ajuda à família de jovens com comportamentos violentos começam pelos tratamentos familiares das crianças com TDAH. Essas aDPAtações estão muito desenvolvidas nos Estados Unidos. No *Parent management training* (PMT) [Guia para tratamento dos pais], por exemplo, parte-se das dificuldades dos pais em reforçar as condutas sociais mais apropriadas do filho e das modalidades educativas incoerentes, excessivamente punitivas e pouco previsíveis. O foco do tratamento está em ensinar aos pais:

1. a melhorar a qualidade das interações pais-criança, aumentando a comunicação e favorecendo uma relação calorosa e responsiva;

2. a estabelecer antecipadamente regras claras e explícitas que a criança deve aprender a respeitar;

3. a melhorar suas capacidades em monitorar e supervisionar a criança;
4. a assimilar estratégias de disciplina mais eficazes, incluídos os reforços positivos e as punições.

Esse tratamento exige uma família colaboradora e dotada de constância, qualidades muitas vezes ausentes nessas situações clínicas; por isso, é necessário um trabalho preliminar sobre a aliança terapêutica e apoio sobre recursos presentes no núcleo familiar ampliado.

Vários grupos de pesquisa adotaram o *Parent management training* como próprio modelo terapêutico, introduzindo alguma modificação no modelo-base. Alguns — como, por exemplo, o *Helping the non-compliant child* [Auxílio à criança insubmissa] — preveem sessões de terapia familiar nas quais são propostos jogos do papel dos pais e exercícios em domicílio. O círculo vicioso de tipo coercitivo-punitivo existente entre criança e pais é enfrentado aumentando-se a atenção à criança e focalizando-se nos seus comportamentos sociais apropriados. Entre as técnicas desse método, estão os exercícios para casa, para os pais, visando a tornar esses comportamentos apropriados mais frequentes.

Outros métodos, como o *Videotape modelling group discussion* [Discussão em grupo de modelos de videoteipes], utilizam uma discussão de grupo com um pacote *standard* de dez videoteipes que contêm 250 vinhetas, nas quais pais interagem com os filhos tanto de modo apropriado como inapropriado; depois de cada vinheta — que tem a duração de dois minutos —, o terapeuta organiza uma discussão. As crianças não participam das discussões de grupo, mas são dados aos pais exercícios para fazerem em casa que dizem respeito ao reforço de interações positivas e métodos não violentos, mas eficazes no estabelecimento de limites.

Outros tratamentos procuram agir na interação pais-filho por meio do apoio aos pais para terem uma relação calorosa com a criança, e à criança para se comportar de modo apropriado. O programa tem duas fases: na primeira, os pais aprendem comportamentos de jogo não dirigido, semelhante ao usado habitualmente nas terapias de jogo; na segunda, o pai aprende, dentro das interações de jogo, a dirigir o jogo da criança com instruções claras e apropriadas à idade. A ênfase é colocada nos comportamentos coerentes, na possibilidade de dar prêmios diante de comportamentos de colaboração ou de momentos de interrupção em caso de não haver colaboração.

No programa *Functional family therapy* [Terapia do sistema familiar], o trabalho terapêutico é dirigido a toda a família e representa uma boa integração entre os métodos comportamentais, em que se dão aos pais indicações precisas de comportamento, como no PMT, os princípios da terapia sistêmica, com a qual se procura redefinir os papéis dentro do sistema familiar, e a terapia cognitiva, que procura remodelar os déficits cognitivos na base desses distúrbios.

Nesse mesmo programa, o distúrbio da conduta é visto, portanto, como um derivado do funcionamento patológico de todo o sistema familiar: o comportamento da criança derivaria de um complexo jogo interativo no qual não há elementos sintônicos de afeto, participação, empatia, e a comunicação entre os membros do sistema é deficiente ou patológica. O objetivo do tratamento é modificar as modalidades de interação e de comunicação para promover o funcionamento do sistema familiar mais sadio. O foco inicial da terapia não é colocado no comportamento da criança, mas nos padrões comunicativos familiares do modo como se apresentam no consultório. O objetivo é tornar os vários membros do sistema conscientes de que o seu funcionamento é interdependente. Sucessivamente, são propostas alternativas à gestão da interação familiar funcionais para um melhor equilíbrio. São encorajados a reciprocidade e os reforços positivos. Há alguma ênfase na clareza das comunicações tanto nas modalidades expressivas das necessidades como na negociação necessária para chegar à solução dos problemas interpessoais. O terapeuta deve demonstrar calor, afetos integrados, bom humor e também diretividade.

Recentemente, foram publicados trabalhos sobre a eficácia desse tipo de tratamento, que parece agir também a longo prazo e é especialmente indicado para os distúrbios da conduta no começo da adolescência, sobretudo nas formas de delinquência nas quais foi demonstrada uma taxa muito inferior de recidivas em relação a um grupo-controle.

Modificar o estilo cognitivo e afetivo do jovem

Os tratamentos individuais têm como foco terapêutico a modificação da estrutura cognitiva e afetiva do jovem. O percurso terapêutico com André, descrito no início deste capítulo, é o exemplo de uma psicoterapia de suporte para orientação psicodinâmica, cujo foco é a modificação dos estados afetivos na base do distúrbio comportamental.

As psicoterapias dinâmicas usam, com crianças menores, a terapia de jogo por meio da qual se visa a facilitar a canalização das fantasias agressivas e sádicas no jogo e no desenho; portanto, visa a encorajar a elaboração da agressividade na fantasia. Com os jovens, um dos objetivos do tratamento é a reconstrução da capacidade de reflexão e do superego. O fato de esses jovens não tirarem benefício de recompensas nem de punições para corrigir e controlar as próprias ações constitui um importante obstáculo nessa reconstrução, que, por outro lado, é um passo essencial para estabelecer um monitoramento interno que tenha consciência não só da punição, do sentimento de culpa, da vergonha, como também da recompensa e das gratificações.

Dado que esses jovens são pouco conscientes do próprio distúrbio, dever-se-ia explicar-lhes, de modo claro e concreto, a presença do problema e a tentativa intensiva de ajudá-lo a adquirir essa parte que lhe falta, como poderia acontecer com um braço ou com os olhos. As metáforas usadas para explicar a situação devem ser concretas e vivas; a atitude, séria e empenhada. Uma regra das terapias psicodinâmicas é enfatizar aquilo que o jovem faz sem focalizar o que ele diz haver feito ou não; as discussões sem fim sobre o fato de ele estar dizendo a verdade ou não levam a um mútuo desespero e até ao ódio. Até que as mudanças sejam duradouras, deveriam ser olhadas com incredulidade, também para motivar o jovem a persuadir o adulto de que o decréscimo nos furtos ou no comportamento agressivo é de fato real. Somente quando os objetivos são claramente estabelecidos e duradouros a psicoterapia poderá começar a enfrentar de modo mais formal os aspectos narcisistas, a depressão, as angústias paranoicas que conotam a personalidade dos jovens violentos.

Diversamente dessas terapias psicodinâmicas, o foco dos tratamentos cognitivo-comportamentais é a modalidade com a qual a pessoa processa as informações sociais, como as interpreta e como pode desenvolver, escolher e colocar em prática comportamentos mais apropriados.

Esses tratamentos são mais indicados para os adolescentes do que para as crianças. No *Training cognitivo-comportamental* (TCC) [Guia cognitivo comportamental], por exemplo, o terapeuta explora de um ponto de vista cognitivo as modalidades habituais com as quais o jovem age nas situações interpessoais. O terapeuta o encoraja a enfocar os comportamentos que levam a soluções mais eficazes; solicita e reforça os comportamentos socialmente mais úteis; formula tarefas estruturadas, apoiadas em situações de vida real. Outros componentes do tratamento são deveres para casa, jogos de funções, pequenas punições. Outros tratamentos cognitivo-comportamentais estão baseados na hipótese de que os jovens com distúrbio da conduta não tenham podido usufruir de um ambiente coerente. Como consequência, têm habilidade defeituosa para modular o próprio comportamento, adiam a gratificação ou se conformam às expectativas sociais. Esses jovens são também levados pela vulnerabilidade temperamental, que faz com que focalizem tanto as consequências positivas de um determinado comportamento (por exemplo, comprar um celular), que acabam por não considerar as consequências negativas potenciais (por exemplo, ser preso por furto).

Em síntese, tanto os tratamentos psicodinâmicos como os cognitivo-comportamentais procuram modificar o estilo comportamental do jovem — isso mediante a tentativa de reduzir a atribuição de intenções hostis nas situações ambíguas, de reduzir a tendência a associar resultados positivos aos próprios comportamentos agressivos — e aumentar a capacidade de inibir as respostas impulsivas e raivosas, ajudando o jovem a considerar respostas alternativas.

É lícito usar psicofármacos?

É bom afirmar logo que não existe pílula contra a agressividade. No entanto, isso não significa que, depois de uma atenta avaliação da organização psicopatológica que está por trás do comportamento violento, a prescrição farmacológica não possa ter seu espaço dentro do tratamento em rede. A introdução de um psicofármaco exige sempre algum tempo para não ser considerado somente como meio de contenção, tampouco como portador de angústias por dependência. A situação descrita no início deste capítulo exemplifica que, para se conseguir a colaboração em relação à terapia farmacológica, deve-se levar em conta o processo de integração do Eu, as capacidades de simbolização e o grau de consciência do distúrbio. A intervenção farmacológica nunca deve ser utilizada como única saída para o tratamento; este deve levar em conta que não existe fármaco eficaz para a agressividade predatória e deve ser definido individualmente, considerando-se que existem várias moléculas disponíveis atualmente.

Listamos a seguir as categorias de fármacos frequentemente utilizados.

- Antidepressivos tricíclicos e inibidores seletivos do *reuptake* ("recaptação") da serotonina (SSRI). Mesmo tendo a serotonina um papel primário no controle da agressividade, não existem ainda evidências exatas sobre a eficácia dos SSRI nesse âmbito. Diversos estudos demonstram resultados controversos e é duvidoso se as melhorias então observadas no nível do comportamento agressivo estão diretamente ou não mais ligadas ao efeito antidepressivo típico desses fármacos, cujo uso é, entre outros, limitado pela frequente comorbidade com transtornos bipolares.

- Psicoestimulantes. Muitos trabalhos propõem a utilização do metilfenidato, diante da grande comorbidade com o distúrbio do déficit da atenção e hiperatividade. No entanto, demonstrou-se amplamente o efeito do metilfenidato sobre a instabilidade da atenção; um impacto semelhante sobre a sintomatologia impulsiva e agressiva é ainda muito discutido. Deve-se levar em conta que doses muito altas podem agravar o comportamento agressivo.

- Neurolépticos. Os fármacos dessa categoria bloqueiam os receptores da dopamina e podem ser utilizados, em dosagens baixas, na terapia dos comportamentos violentos de gravidade relevante. A avaliação custo-benefício é particularmente importante na decisão de introduzir um neuroléptico, dada a presença de efeitos colaterais como sedação e redução das tarefas cognitivas. O haloperidol é eficaz já em baixas dosagens, e o aumento da dosagem não comporta melhorias posteriores. Um grande interesse está presente atualmente na utilização dos neurolépticos atípicos (Clozapina, Olanzapina, Risperidon), que reduzem seletivamente a transmissão dopaminérgica, agindo, porém, também sobre receptores serotonérgicos, com menores efeitos colaterais em relação ao haloperidol. O aumento de peso e o aumento da prolactina tornam, no entanto, o uso desses fármacos menos ágil do que se pensava inicialmente. Numerosos estudos indicaram que os efeitos antiagressivos da Clozapina — indubitavelmente o mais poderoso dos atípicos — são relativamente específicos e não podem ser explicados pelo efeito sedativo. Quando está presente um distúrbio *borderline*, o uso de um neurolético atípico em doses pequenas é especialmente indicado.

- Timo-reguladores. Uma ampla classe de fármacos inicialmente usados como anticonvulsivos demonstraram uma ação importante específica na melhoria do tônus do humor. A sua utilização se baseia, além disso, também em estudos sobre a Carbamazepina, que demonstraram uma sua ação específica sobre os objetivos de agressividade causados por atividade elétrica anormal no lobo temporal. O ácido valproico demonstrou eficácia superior à da Carbamazepina.

- Lítio. É o fármaco de mais seguro e provado efeito sobre a agressividade e a impulsividade. O fato de não se associar a efeitos sedativos ou a discenesias tardias, como também os seus modestos efeitos sobre o funcionamento cognitivo, o tornam indubitavelmente um fármaco de primeira opção diante de um comportamento explosivo-agressivo de alguma gravidade. A sua ação é ainda pouco clara, mas está provavelmente ligada a uma melhoria do metabolismo da serotonina. Neste caso, o problema (além de efeitos colaterais como poliúria, hipotireoidismo, tremores, cefaleia) é a obrigatoriedade e a precisão dos controles hematoquímicos, que muitas vezes não combinam com o caráter pouco colaborador do jovem e de sua família.

- O respeitável *British Journal of Psychiatry* publicou recentemente uma pesquisa que demonstra como a alimentação exerceria uma parte importante nos comportamentos violentos e antissociais. A pesquisa foi realizada com 213 jovens de 18 a 21 anos, dentro da prisão onde estavam detidos por condutas violentas. Pois bem, ao serem acrescentados à dieta desses jovens detentos 13 tipos de vitaminas, 12 sais minerais e ácidos graxos ômega, observou-se uma redução de 25 a 40% dos crimes dentro da prisão. É possível pensar que uma nutrição mais correta melhore as tendências agressivas? Mais uma vez, não se trata de assumir uma atitude redutiva em relação a um comportamento complexo, mas este estudo demonstra que o fator alimentação, há muito tempo minimizado, não mais deve ser descuidado.

Além do conceito de terapia

Todos esses tratamentos, se tomados singularmente, são onerados por alguns limites:

a) há sempre uma grande porção de jovens que não respondem positivamente;

b) são menos eficazes nos jovens de mais idade;

c) a generalização é pouca (aquilo que funciona na clínica muitas vezes não funciona na escola);

d) os resultados são transitórios.

Essas limitações levaram a identificar modelos terapêuticos que considerem mais a natureza multideterminada dos comportamentos violentos. Recentemente, foram descritos dois tipos de tratamento que levam em consideração estas premissas: distúrbio multideterminado, necessidade de individualizar o tratamento, envolvimento profissional múltiplo, ação sobre vários contextos em que a pessoa apresenta as próprias problemáticas, conservação do jovem no próprio contexto ambiental.

O primeiro tipo desses tratamentos é a terapia multissistêmica (MST), uma técnica cuja eficácia foi avaliada em um grupo de 156 adolescentes, todos com uma média de pelo menos quatro prisões por atos violentos ou anti-sociais. Num *follow-up** de quatro anos, somente 26% daqueles que se submeteram à MST tinham sido presos novamente, em relação aos 71% do grupo de controle que teve uma terapia individual tradicional. O sistema teórico de referência é o da terapia familiar, segundo o qual o distúrbio da criança não pode ser desligado do contexto familiar ampliado. A fase inicial é constituída por uma avaliação tanto do nível de gravidade do problema como do sistema familiar e social nos quais aquele se coloca. Com base nessa avaliação, definiu-se um plano de tratamento personalizado com a duração de 3-5 meses, composto por terapia familiar, intervenção na escola, programa de recuperação escolar, intervenção no grupo dos colegas com facilitação de grupos pró-sociais, terapia cognitivo-comportamental, terapia de apoio individual. O MST é uma intervenção que visa a agir na comunidade e que não enfatiza os aspectos técnicos das várias intervenções. Enfatiza mais o fato de que as intervenções devem:

a) ser colocadas no contexto familiar e social;

---

* Acompanhamento. Em inglês no original. (N.R.)

b) agir em pontos fortes existentes como alavancas para a mudança;

c) promover nos familiares os comportamentos responsáveis;

d) focalizar-se no presente, sugerindo ações corretas em relação a problemas específicos;

e) agir em vários contextos que sofram o problema;

f) fazer para a família programas diários, ou, no máximo, semanais;

g) avaliar sua eficácia de modo continuado;

h) adequar o tratamento ao desenvolvimento do jovem;

i) verificar a manutenção dos resultados a longo prazo.

O segundo tipo de tratamento que vale a pena abordar é o *Fast track program* em que *Fast* é o acrônimo de *families and schools together*.* Trata-se de um programa a longo prazo, intensivo e multidimensional, desenvolvido para fazer frente às formas mais graves. A fase inicial prevê um programa de *parent management*,** que visa a promover relações positivas com o jovem e com a escola. Previu-se também uma terapia cognitivo-comportamental para a criança. Em terceiro lugar,

---

* Famílias e escolas juntas. Em inglês no original. (N.R.)

** Tratamento parental. Em inglês no original. (N.R.)

previu-se um apoio continuado às aprendizagens escolares, com visitas domiciliares periódicas para se verificar a manutenção das aquisições do trabalho com os pais e para implementar as relações sociais positivas da família. O programa prevê monitorar constantemente o desenvolvimento da identidade e da aDPAtação do jovem, o desempenho familiar, o grau de envolvimento dos adultos, os resultados escolares, as relações com os colegas.

Na linha da necessidade de intervenções multidimensionais e integradas, foram propostos na Europa e na Itália programas de tratamento em *day-hospital*.[***] O tratamento é composto por um bloco de algumas horas de tratamento psicopedagógico; por uma psicoterapia individual de exploração e de apoio; por uma terapia familiar ou do casal; por sessões de grupo em que se discute a gestão das problemáticas comportamentais mais graves e das oportunidades de inserir uma terapia farmacológica. Essa intervenção prevê que o jovem passe alguns dias da semana no *day-hospital* e outros no próprio contexto escolar com qual a equipe está em contato constante.

[***] Internação por um dia. Em inglês no original. (N.R.)

Gradualmente, os tempos de permanência no âmbito escolar são ampliados até a inserção completa acompanhada por monitoramentos clínicos periódicos. Um *follow-up*, depois de 18 meses, demonstrou que 78% dos jovens que receberam este tratamento não precisaram de internação, enquanto 52% dos jovens que receberam uma terapia ambulatorial tiveram necessidade de sucessivas internações de tempo integral.

Curar a escola?

As respostas ao crescente fenômeno do *bullying* nas escolas tendem a encaminhar para políticas repressivas, até a pedir, como aconteceu recentemente na França, a intervenção estável da polícia nas escolas. Muitos, no entanto, afirmam a não validade dos métodos repressivos em relação aos assim chamados "agressores", pois com a repressão eles interiorizam cada vez mais um estado de desconfiança e de conflito com a autoridade.

Para a solução do problema nas escolas, dever-se-ia partir para uma política de prevenção que se valha da colaboração dos pais e dos alunos. Particularmente interessante é a técnica da mediação escolar, praticada em algumas regiões italianas, que resulta ser particularmente eficaz enquanto o mediador é um aluno que, por fazer parte do grupo, é mais facilmente aceito pelo agressor.

Recentemente, para reduzir a violência na escola, foi proposta uma abordagem inovadora, orientada no sentido psicodinâmico. O modelo é baseado na hipótese de que, quando na escola estão presentes condutas violentas, haja também uma dinâmica de poder caracterizada por um padrão coercitivo, no qual uma pessoa ou um grupo controla os pensamentos e as ações de outros. Às vezes essa dinâmica pode estar escondida, mas, em geral, se manifesta por meio de altos níveis de relações disciplinares e poucos resultados acadêmicos. Nesse modelo, o agressor é aquele que (jovem ou criança, mas às vezes também professor ou outro membro do pessoal escolar) abusivamente exerce repetidas pressões sobre os outros por meio da humilhação e da zombaria.

O *bullying* em geral implica uma personalidade dominante que realiza atos coercitivos sobre uma personalidade mais fraca e submissa, quer com ações físicas, quer com humilhações de caráter moral. A vítima dessa dinâmica de poder é uma criança, um jovem ou outro membro da escola, que se sente dominado pelo poder do outro. Um estudo com dez mil crianças nas cidades da costa leste dos Estados Unidos demonstra que cerca de 15% das crianças entre a 3ª série do ensino fundamental até a 1ª série do ensino médio fizeram parte de grupos que experimentam emoções intensas em observar outras crianças vítimas de atos de *bullying*. Elas podem agir de modo manipulador "caçando" vítimas sem, porém, assumirem a responsabilidade do ato de violência.

Essa abordagem inovadora levanta a hipótese de que, se as crianças se tornam mais conscientes das dinâmicas de poder ligadas ao *bullying*, poderão também se ajudar mutuamente a sair dos papéis patológicos (de vítimas, agressores ou manipuladores). Mas como é possível enfrentar na classe essas dinâmicas de poder em relação às quais existe habitualmente um grande clima de solidariedade? Antes de tudo, deve-se considerar que o pessoal da escola é geralmente levado a preferir programas disciplinares do tipo punitivo, por causa da raiva e do desespero solicitados pelo *bullying*. Ao contrário, a abordagem citada visa a modificar o clima escolar mediante um sistema que sublinha a recompensa para os comportamentos mais apropriados. Nesse sentido, é uma abordagem que, embora não minimize a culpa do jovem, insiste no reforço da autoestima e na gratificação que pode derivar da realização de ações corretas. Esse programa prevê um momento de reflexão no fim da jornada escolar, de modo a permitir à classe toda compreender as dinâmicas de poder mediante a discussão de problemas encontrados durante o dia. Quando a classe e o pessoal da escola estiverem conhecendo bem a dinâmica de poder, será possível desenvolver um programa que envolva não só toda a escola, como também as famílias, com o objetivo de atingir uma "tolerância zero" para com os comportamentos de *bullying*. Os pais são ajudados a elevar o próprio nível de consciência do problema; os professores são instados a desenvolver abordagens criativas individualizadas. Dá-se especial atenção aos professores de educação física para aumentarem o próprio nível de consciência sobre o *bullying* e inserirem nos programas de educação física também a "dramatização" dos papéis e o ensinamento sobre como podemos nos defender dos atos de *bullying*. Finalmente, podem ser destacados orientadores que assistam os jovens na solução dos conflitos fora da classe.

Tratamento ou prevenção?

No final de 2004, foi noticiada a pena de prisão perpétua atribuída, em Londres, a um jovem de 16 anos, considerado o adolescente mais brutal do Reino Unido, embora a acusação não fosse de homicídio. Depois do divórcio dos pais, Elias tinha vivido desde pequeno unicamente com a mãe num bairro do East-End, com alto índice de delinquência juvenil: é descrito como um menino solitário, introvertido, frequentemente vítima de zombarias e de *bullying*. Aos 11 anos, cometeu o seu primeiro furto; aos 15, já se havia envolvido em dezenas de furtos, extorsões, ameaças, brigas, pancadarias, e por isso vivia entrando e saindo das delegacias; aos 16 anos, assaltou a facadas um professor que caminhava no parque. A escolha de uma solução repressiva para um caso descrito como excepcional apareceu como a única praticável; mas, no fim deste livro, a história de Elias não parece tão diferente da de tantos jovens violentos. Então, o que fazer?

Em relação ao comportamento violento se contrapõem imediatamente duas lógicas diferentes: a punitiva e a reabilitativa. Por um lado, afirma-se que a aplicação da pena favorece a responsabilização e o abandono do modelo de delinquência; por outro, afirma-se que todo esforço é dirigido para a recuperação de indivíduos ainda imaturos que têm necessidade de ser educados para a responsabilização, evitando-se o ingresso muito precoce no sistema penal.

A distinção existente entre pena e cura aprofunda as raízes na possibilidade de estabelecer uma discriminação entre normalidade, à qual se aplicam penas, e patologia, que deve ser orientada para um sistema de cura. Muitas vezes, no entanto, confunde-se o conceito de responsabilidade com a capacidade de entender e de querer. Como observamos, raramente os jovens violentos são incapazes de entender e de querer, mas têm fortes retardos quanto ao desenvolvimento do assumir responsabilidade, se por responsabilidade se entende um ato subjetivo que implica a capacidade de assumir uma obrigação dentro dos laços sociais positivos, de reconhecer as consequências do próprio comportamento, de estar disponível para assumir a culpa e, portanto, de estar disponível para reparar os erros cometidos.

O problema do limite de idade para a responsabilidade penal não está universalmente definido. Na declaração da Organização das Nações Unidas (ONU) de 1985 afirma-se que essa idade "não deverá ser fixada num limite muito baixo". O Conselho da Europa, em 1987, em matéria de delinquência de menores de idade, convidou a incentivar "o desenvolvimento de procedimentos de 'desjurisdicionalização' com o objetivo de evitar para os menores de idade a atribuição de responsabilidade por parte do sistema penal e de não diminuir a idade da imputabilidade". A Corte constitucional italiana insiste no fato de que a organização italiana providenciou para "desenvolver serviços que deveriam tornar residual a internação dos menores de idade, devendo-se experimentar antes toda possibilidade de recuperação para aqueles ainda não totalmente maduros". Na Itália, um jovem que tenha menos de 14 anos não deve ser submetido a processo enquanto não esteja totalmente maduro. Quem deseja diminuir o limite da imputabilidade não considera que, diante de uma aparente maturidade física dos rapazes de hoje, estejamos, na realidade, diante de uma situação social que retarda enormemente os processos de autonomia e de responsabilização em relação aos seus coetâneos.

Entre as instituições que permitem ao Juizado de Menores resolver o problema da pena diante de menores que praticaram atos violentos, há a suspensão do processo *colocando à prova* o menor de idade, cuja aplicação não acontece em relação à tipologia ou à gravidade dos crimes. Mesmo que esta tenha sido colocada em discussão para aqueles menores de idade que estão muito envolvidos na criminalidade organizada, que não deixa qualquer espaço para se colocar à prova, nos outros casos esta parece uma etapa fundamental do processo de responsabilização. O fato de colocar à prova deve ser atentamente programado e guiado, enfrentando, entre outras coisas, as dificuldades em fazer que as vítimas aceitem o projeto de recuperação, como também os seus parentes, no caso de homicídio.

A ativação das funções de responsabilização deve acontecer em lugares protegidos que confrontem novamente o jovem com as situações sociais. Segundo alguns, o colocar à prova poderia funcionar também nos jovens mais ligados à criminalidade organizada, mas, nesses casos, é proposta uma estratégia que se fundamenta num "terremoto psicológico", mediante a colocação desses jovens em contato com uma realidade dura, de sofrimento e de privação, por exemplo, fazendo-os trabalhar em estruturas para jovens com deficiência. Outros propõem a inserção deles em um novo contexto de vida, caracterizado pelo trabalho em contato com a natureza e o silêncio como instrumento para poder refletir e projetar uma vida diferente. Terminado o período de "choque", os jovens deveriam ser reintroduzidos em ambiente normal, com um apoio adequado por parte dos referenciais do projeto, de modo a evitar a reabsorção do ambiente degradado, que tornaria inútil a prova.

O tratamento residencial a longo prazo (por exemplo, aquele usado nas prisões para menores de idade ou em estruturas muito protegidas) não demonstrou muita eficácia, pois o jovem aprende rapidamente as regras da instituição com o objetivo de usá-las para trapacear e manipular o *staff*.* Por esse motivo, um modelo de trata-

---

* Equipe. Em inglês no original. (N.R.)

mento institucional usado com adolescentes psicopatas especialmente graves e resistentes baseou-se numa abordagem "anticontingente", na qual qualquer coisa que o indivíduo fizesse seria seguida de consequências para ele inesperadas e imprevisíveis. No contexto desse mundo confuso e que foge a todo controle, o adolescente se torna cada vez mais ansioso e deprimido, e isso o torna mais frágil e mais dependente do *staff*. Essa dependência o faz ser mais acessível e potencialmente tratável, pois mais consciente de sua deficiência psicológica.

Esse tratamento é o único que parece ter alguma eficácia, na medida em que questiona as mesmas estruturas da personalidade antissocial, para conseguir um *breakdown*[**] e oferecer ao jovem a possibilidade de se reorganizar de maneira mais maleável e, portanto, socialmente mais adequada. Isso exige, de alguma forma, um grande planejamento e uma preparação do pessoal, com o objetivo de ser conduzido de modo objetivo e compassivo; além disso, é reservado às situações clínicas nas quais outras abordagens não deram certo. Antes de ser aplicado, é necessária a aprovação da família e das autoridades.

Finalmente, as duas dimensões psicopatológicas dos jovens violentos que agora aprendemos a conhecer — a

---

[**] Paralisação. Em inglês no original. (N.R.)

da impulsividade e a da insensibilidade/frieza — deveriam ser bússolas na opção de como enfrentar o problema da cura.

Essas duas dimensões independentes definem subgrupos de crianças: a impulsividade está relacionada às dificuldades cognitivas, enquanto a insensibilidade/frieza está relacionada à busca de sensações, à grandiosidade e à falta de empatia típicas dos distúrbios narcisistas. A sua identificação deveria orientar o raciocínio de quem se ocupa de um dos problemas mais complexos da psicopatologia infantil: como curar os jovens violentos.

Epílogo

Não se sabe nada sobre as crianças

No fim do ano escolar, no tempo breve e infinito de um verão, entre os campos de trigo de Granarolo dell'Emilia, distante do olhar dos adultos, um grupo de crianças descobre um barracão que se torna, como a ilha em *O senhor das moscas*, o lugar onde se desenvolve uma aventura que trará à tona os aspectos mais selvagens da natureza humana. Martina, Mateus e Greta têm dez anos, Lucas e Mirko, quatro a mais; como Ralph, Simon, Piggy, Jack e outros jovens que se encontram sozinhos na ilha depois de um desastre aéreo, não são nem mais perversos nem piores que seus colegas.

Aquele lugar isolado, o barracão ou a ilha, é a metáfora da necessidade de os adolescentes e os pré-adolescentes terem um mundo à parte onde o olhar dos adultos não possa entrar, onde possam se espelhar uns nos outros e viver sem medo as transformações da puberdade. Abandonados a si mesmos, os pequenos ingleses de William Golding, como as crianças de Granarolo dell'Emilia descritos por Simona Vinci, perdem logo os modos e os tabus da civilização, mas não se tornam, por isso, bons selvagens; ao contrário, transformam-se em criaturas sanguinárias e sádicas.

O *senhor das moscas*, escrito por William Golding, em 1954, e *Dei bambini non si sa niente* [*Não se sabe nada sobre as crianças*], escrito por Simona Vinci, em 1997, descrevem o formar-se do grupo de jovens como se o grupo fosse um organismo independente, que os recolhe dentro de si anulando as diferenças: "um coração composto, grande, que bate com um ritmo próprio, violento e impossível de parar". Ambos parecem querer explorar uma espécie de buraco negro que está dentro de nós, um mistério que a mente humana não consegue sequer imaginar. Um poço em que se aninha a violência do ser humano, que não é possível ignorar sem correr grandes riscos.

PARA SABER MAIS

Um bom texto para aprofundar a psicopatologia da idade evolutiva é o recente livro de B. Pennington, *Sviluppo della psicopatologia. Eredità e ambiente* [Desenvolvimento da psicopatologia; herança e ambiente], Roma, Fioriti, 2004. Já pelo subtítulo percebe-se que os problemas psicopatológicos são aqui tratados levando sempre em consideração, de modo unitário, os fatores neurobiológicos e ambientais. No livro há também uma inexaurível descrição dos distúrbios da conduta.

A relação existente entre hereditariedade e ambiente foi desenvolvida pelo grupo do Institute of Psychiatry, de Londres, do qual fazem parte R. Plomin & P. McGuffin, que publicaram o livro *Genetica del comportamento* [Genética do comportamento], Milano, Cortina, 2001, que aborda este tema.

Em francês, pode-se consultar o livro orientado por O. Halfon, *Sens et non-sens de la violence* [Sentido e não sentido da violência], Paris, Puf, 2002, que enfrenta exaustivamente, e com várias vozes, o problema da violência na adolescência.

O tema da agressividade na psicanálise e na etologia é bem enfrentado no sempre válido livro de S. Bonino & G. Saglione, *Aggressività e adattamento* [Agressividade e aDPAtação], Torino, Bollati Boringhieri, 1978.

A relação que os comportamentos violentos mantêm com o complexo campo dos distúrbios de personalidade é bem descrito no livro de O. Kernberg, *Aggressività e disturbi di personalità borderline e narcisistici* [Agressividade e distúrbios de personalidade *borderline* e narcisista], Milano, Cortina, 1999. O limite deste livro é que trata somente de adultos; um complemento necessário a este é, portanto, o livro de P. Kernberg, *Transtornos de personalidade em crianças e adolescentes*, Porto Alegre, Artmed, 2000.

O fenômeno da raiva como mecanismo normal é bem explorado no livro *Arrabiarsi* [Enraivecer-se], de V. D'Urso Bologna, Mulino, 2001.

Sobre o *bullying*, foram traduzidos para o italiano dois livros do norueguês D. Olweus, um dos primeiros autores a descrever esse fenômeno na década de 1970: *L'aggressività a scuola* [A agressividade na escola], Roma, Bulzoni, 1983; *Ragazzi oppressi, ragazzi che opprimono* [Jovens oprimidos, jovens que oprimem], Firenze, Giunti, 1996. Relativamente aos estudos italianos, o livro de A. Fonzi, *Il bullismo in Italia* [O *bullying* na Itália], Firenze, Giunti, 1997, é ainda atual e rico de dados epidemiológicos nacionais.

Quanto aos romances citados que exploram, numa modalidade diferente da científica, o fenômeno da violência nos jovens, recomenda-se: D. de Silva, *Certi bambini* [Certos meninos], Torino, Einaudi, 2001; S. Vinci, *Dei bambini non si sa niente*, Torino, Einaudi, 1997; Golding, W. *O senhor das moscas*, São Paulo, Biblioteca Folha, 2003; Brown, R. *Prima e dopo* [Antes e depois], Milano, Baldini & Castoldi, 1993; A. Shreve, *Il peso dell'acqua* [O peso da água], Milano, Tea, 2003. Todos esses livros, exceto o de S. Vinci, serviram de base para filmes cuja visão pode ajudar a saber mais. Além desses, aconselho o filme *Mulheres diabólicas*, de Claude Chabrol (1995), cujo título é extraordinariamente evocativo de um aspecto essencial da violência que foi tratado neste livro.

Finalmente, no site <www.minori.it>, do Centro Nazionale di Documentazione e Analisi per l'Infanzia e l'Adolescenza, é possível encontrar muitas informações e, especialmente, consultar o relatório de 2000, dedicado ao fenômeno da violência.

Sumário

Capítulo I – A violência juvenil está aumentando?.........5
Os jovens violentos são doentes?............................8
As diversas faces da violência..............................10
Rapazes e moças violentos...................................16
Violência virtual e violência real..........................19
A "reflexão"..22

Capítulo II – As raízes da agressividade.....................25
O gene da violência...27
Existem estruturas cerebrais responsáveis pelo
comportamento violento?.....................................36
Os neurotransmissores.......................................42
Bases cognitivas da agressividade........................... 44
Das teorias etológicas às psicodinâmicas....................46
Por uma teoria unitária.....................................50
Compreender a mente do outro................................54

Capítulo III – Dois tipos de agressividade...................59
Agressividade afetiva e agressividade predatória............59
Um instrumento de avaliação.................................62
Do grupo ao bando...67
O *bullying*..72

Capítulo IV – Por que alguém se torna violento?..........75

Violência e identidade em crise..............................78
A tendência para agir 80
Normalidade e patologia..83
Fatores de risco, fatores de proteção e resiliência 84
O temperamento: crianças difíceis e crianças "endurecidas"..89
As funções executivas..92
Por que os homens são mais violentos?..........................95
Fatores de natureza social e familiar..........................96
O papel dos pais...98
Afeição desorganizada e maus-tratos 102

Capítulo V – Os jovens violentos foram crianças violentas?..107

Os antecedentes da violência..................................107
Continuidade e descontinuidade 108
Jogos violentos...111
E depois?...116

Capítulo VI – Agressividade e distúrbios psicopatológicos 121

Existe uma agressividade normal?..............................121
O distúrbio da conduta.. 123
Classificar 126
O distúrbio da conduta está, muitas vezes, associado a outros distúrbios................................133
Os distúrbios da personalidade................................135

Jovens *borderline* e jovens narcisistas.................................137
Narcisismo normal e distúrbio narcisista
da personalidade 142

Capítulo VII – Avaliar..149
A história de Pierre 149
Falar com um jovem violento..151
As escalas de avaliação 159

Capítulo VIII – É possível curar? 165
O "grilinho na cabeça" 165
Nothing works 170
O papel da psicanálise...171
O "trabalho em rede"..172
Ajudar a família 176
Modificar o estilo cognitivo e afetivo do jovem 182
É lícito usar psicofármacos?..185
Além do conceito de terapia 190
Curar a escola? 194
Tratamento ou prevenção?... 197

Epílogo – Não se sabe nada sobre as crianças 205

Para saber mais.. 207

Impresso na gráfica da
Pia Sociedade Filhas de São Paulo
Via Raposo Tavares, km 19,145
05577-300 - São Paulo, SP - Brasil - 2012